Martina Thom · Immanuel Kant

MARTINA THOM

Immanuel Kant

PAHL-RUGENSTEIN

Pahl-Rugenstein Verlag, Köln, 1978

Vom Urania-Verlag genehmigte Lizenzausgabe

© Urania-Verlag Leipzig/Jena/Berlin

Verlag für populärwissenschaftliche Literatur, Leipzig, 1974

Lektor: Renate Brendel

Schutzumschlag: Egon Hunger

Typografie: H.-J. Sittauer

Printed in the German Democratic Republic

Satz und Druck:

Gutenberg Buchdruckerei und Verlagsanstalt Weimar

Buchbinderische Verarbeitung: VOB Südwest, Leipzig

ISBN 3-7609-0343-6

Inhaltsverzeichnis

Vorwort

ISSENSCHAFTLICHE Philosophie als theoretische Waffe der Arbeiterklasse schließt immer zugleich historisches Selbstverständnis über das Werden der Philosophie zur Wissenschaft und die Stellung zu ihren theoretischen Quellen ein. Die Würdigung der großen Denker der Weltgeschichte, die Bewahrung ihres humanistischen Anliegens und die Berücksichtigung und Weiterentwicklung ihrer theoretischen Denkansätze und Einsichten sind ureigenste Angelegenheit der Marxisten und Kommunisten.

Sehr gern habe ich deshalb den Vorschlag des Urania-Verlages aufgegriffen, anläßlich des 250. Geburtstages Immanuel Kants, des Begründers der klassischen deutschen Philosophie, eine Biographie und Werkwürdigung dieses hervorragenden Wissenschaftlers und Philosophen zu verfassen. Diese Aufgabe war schön und schwierig zugleich. Aus dem fast enzyklopädisch anmutenden Schaffen Kants mußte sorgfältig ausgewählt werden, um trotz vieler Auslassungen einen möglichst umfassenden Eindruck vom bürgerlich-humanistischen Gehalt und der theoretischen Leistung zu vermitteln und dabei zu zeigen, wie das progressive gesellschaftliche Anliegen Kants seine Problemstellung und Problemlösung auf den verschiedensten Gebieten mitbestimmt. Kants Kosmogonie, seine politischen und geschichtsphilosophischen Auffassungen sowie das System seiner Philosophie als »Philosophie von den höchsten Zwecken der menschlichen Vernunft« stehen daher im Mittelpunkt. Wir können damit Kants eigener Gewichtung seines Schaffens folgen: »Zwei Dinge erfüllen das Gemüt mit immer neuer und zunehmender Bewunderung und Ehrfurcht, je öfter und anhaltender sich das Nachdenken mit ihnen beschäftigt: *der bestirnte Himmel über mir und das moralische Gesetz in mir.*

Beide darf ich nicht als in Dunkelheit verhüllt oder im Überschwenglichen, außer meinem Gesichtskreise, suchen und bloß vermuten; ich sehe sie vor mir und verknüpfe sie unmittelbar mit dem Bewußtsein meiner Existenz.«

(Aus der »Kritik der praktischen Vernunft«. Beschluß)

Martina Thom

»Deutsche Theorie
der französischen Revolution«

DIE Philosophie Immanuel Kants bezeichnete Karl Marx (1818—1883) als »die deutsche Theorie der französischen Revolution« (1, S. 80). Er kennzeichnete damit den historischen Standort des Kantschen Lebenswerkes. Das philosophische System des Begründers der klassischen deutschen Philosophie entstand im wesentlichen unter dem Einfluß der ideologischen Vorbereitungsphase der großen bürgerlichen Revolution von 1789 bis 1795 in Frankreich, wurde jedoch selbstverständlich durch die deutschen Verhältnisse mit geprägt. Während die aufstrebende Bourgeoisie in Frankreich mit handfesten ökonomischen und politischen Interessen auf die praktische Revolution zusteuerte, bestand in den deutschen Territorialstaaten zu Kants Lebzeiten keine Möglichkeit, die bürgerlichen Ideale durch die Tat zu realisieren. Die besten Vertreter der deutschen bürgerlichen Bewegung zogen sich in das »Reich der Vernunft«, der Gedanken, zurück und erhofften durch allmähliche Aufklärung der Menschen eine Besserung der gesellschaftlichen Zustände. Auch Kants Werk ist durch diese deutschen Verhältnisse mit geprägt. Dennoch wäre es verkehrt, den revolutionären Gehalt der Kantschen Philosophie zu übersehen, denn ist diese Philosophie auch *deutsche* Theorie, so ist sie doch *Theorie der Revolution des Bürgertums.*

Marx' positive Würdigung des Lebenswerkes Immanuel Kants verdeutlicht, was die fortschrittlichsten Zeitgenossen angesichts dieser Philosophie empfanden. So nennt der bekannte Aufklärer Moses Mendelssohn (1729—1786) Kant den »Alles-Zermalmer«, weil dieser mit seiner Kritik aller bisherigen Denkweise grundsätzliche Zweifel an den überlieferten Denktraditionen anmeldet. Kant hat sich selbst über das gesellschaftliche Anliegen seiner Philosophie als Ausdruck seiner Epoche in der Vorrede zur 1. Auflage seines Werkes »Kritik der reinen Vernunft« ausgesprochen:

»Unser Zeitalter ist das eigentliche Zeitalter der Kritik, der sich alles unterwerfen muß. *Religion* durch ihre *Heiligkeit* und *Gesetzgebung* durch ihre *Majestät* wollen sich

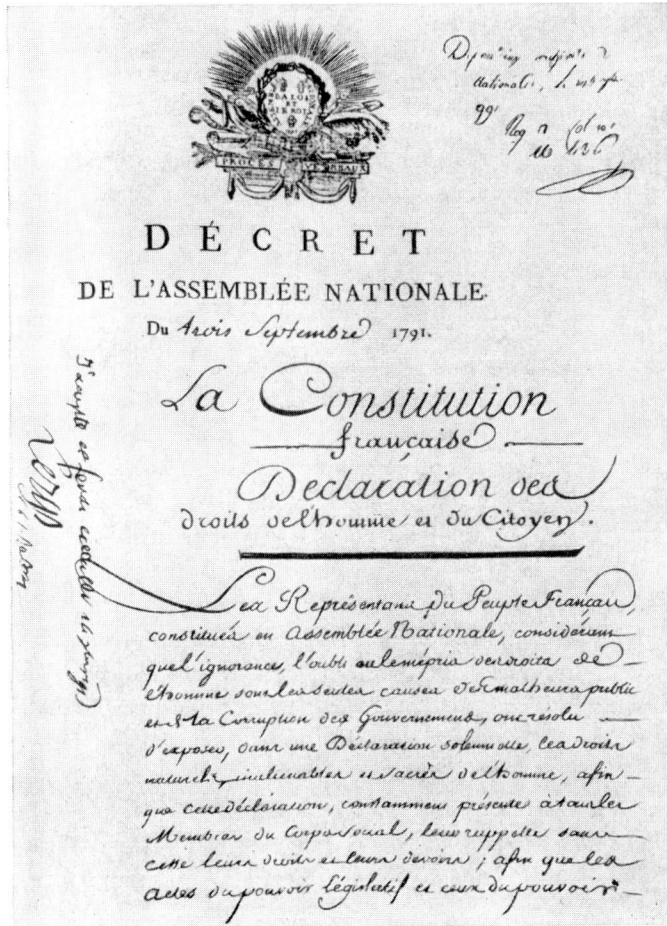

gemeiniglich derselben entziehen. Aber alsdann erregten
sie gerechten Verdacht wider sich, und können auf unver-
stellte Achtung nicht Anspruch machen, die die Vernunft
nur demjenigen bewilligt, was ihre freie und öffentliche
Prüfung hat aushalten können.« (2, S. 7)

Johann Gottfried Herder (1744—1803) spricht in enthusiastischen Worten von der positiven Wirkung der Kantschen Philosophie, indem er sich zugleich gegen ihre Verflachung durch die akademischen »Kantianer« wendet:

»Durch Kant ist ein neuer Reiz in die Gemüter gekommen, nicht nur das Alte zu sichten, sondern auch, wohin
insonderheit der Zweck der Philosophie gehet, die eigent-

Das Erwachen des
Dritten Standes.
Kolorierter Stich 1789

lich menschlichen Wissenschaften, Moral, Natur- und Völkerrecht nach strengen Begriffen zu ordnen. Sehr heilsam
sind diese Versuche, sie werden in Tathandlungen grei-
fen . . .« (3, S. 270)

Stärker noch betont einige Jahrzehnte später Heinrich
Heine (1797—1856) die revolutionierende Wirkung der
Kantschen Philosophie, besonders der »Kritik der reinen
Vernunft«, in ihrer Zeit:

»Mit diesem Buche . . . beginnt eine geistige Revolution in
Deutschland, die mit der materiellen Revolution in Frankreich die sonderbarsten Analogien bietet . . . Sie entwickelt
sich mit denselben Phasen, und zwischen beiden herrscht
der merkwürdigste Parallelismus. Auf beiden Seiten des
Rheines sehen wir denselben Bruch mit der Vergangenheit,
der Tradition wird alle Ehrfurcht aufgekündigt; wie hier
in Frankreich jedes Recht, so muß dort in Deutschland
jeder Gedanke sich justifizieren, und wie hier das König-
tum, der Schlußstein der alten sozialen Ordnung, so stürzt

dort der Deismus, der Schlußstein des geistigen alten Regimes.« (4, S. 153 f.)

In diesem Sinne leitet Kants Philosophie eine neue, entscheidende Entwicklungsphase der bürgerlichen Philosophie in der Periode des aufstrebenden Bürgertums ein, die klassische deutsche Philosophie, die zu den bedeutendsten Höhepunkten im philosophischen Denken der Menschheit gehört.

Indem Kant in seiner Philosophie das Selbstbewußtsein der Menschen in seiner Bedeutung für Erkennen und Handeln, besonders für die Selbstgestaltung der Geschichte der Menschheit, zum zentralen Thema erhebt, wirft er Fragen auf, die auch heute noch aktuell sind, und bemüht sich um ihre humanistische Lösung. Mit Recht können wir seine Philosophie als eine wesentliche theoretische Quelle des Marxismus-Leninismus betrachten, denn wenngleich bürgerliche Philosophie, enthält sie doch Problemstellungen und humanistische Ideale, die den bürgerlichen Horizont überschreiten und in der Weltanschauung und Praxis der kommunistischen Bewegung ihre Beantwortung und Heimstatt gefunden haben.

Kants Leben war — im Unterschied zu dem von vielen seiner Zeitgenossen — arm an äußeren Bewegungen und Höhepunkten. Die Stadt Königsberg (das heutige Kaliningrad) verließ er nur während seiner Hauslehrertätigkeit für längere Zeit, ansonsten verbrachte er in Königsberg Kindheit und Jugend und wirkte an der dortigen Universität als Privatdozent, später als Professor und einige Jahre auch als Rektor. Obwohl er mit vielen fortschrittlich gesinnten Zeitgenossen im Briefwechsel stand und einen größeren Freundeskreis unter den Bürgern der Stadt hatte, war sein geselliger Verkehr verhältnismäßig eingeschränkt. Kants Leben ist die Geschichte des Werdens seiner Werke, das er selbst wiederum durch Verarbeitung der vielfältigsten Anregungen der philosophischen, wissenschaftlichen und z. T. auch populären Literatur seiner Zeit und durch eine stets schöpferische Auseinandersetzung mit den Zeitereignissen gestalten konnte. Der Begründer der klassischen deutschen Philosophie gehörte zu den Gestalten der Wissenschaft und Philosophie, die eine große Leidenschaft beseelt, der sie alles unterordnen: ihre Arbeit. Diese Leidenschaft war bei Kant, der sich die bürgerlich-humanistischen Ideale zur Lebensmaxime gemacht hatte, mit dem Bewußtsein und dem Willen verbunden, dem Wohle der Menschheit zu dienen.

Kant lebte in der Epoche des Übergangs vom Feudalismus zum Kapitalismus. 1775, als Kant, Professor und ein-

Faksimile der ersten Seite der Unabhängigkeitserklärung der USA vom 4. Juli 1776

Da die Sächsische Armee von gefährlichen Anschlag gefasset hatte, womit den Österreichern in das Land Magdeburg, wie auch in die Churmarck zum Einfall zu thun, als haben Ihro Königl Majt von Preußen sich genungsam gerhen, Sr Hochfürstl Durchl den regierenden Fürsten zu Anhalt-Dessau anzubefehlen, daß Dieselben mit einer Armee gerade auf Leipzig der feindlichen anlegende sichern Absichten zu vorkommen als sich einer Stadt bemächtigen mögten. Dieses ist auch den 30. Nov 1745 glücklich ausgeführet worden, immassen die feindl. Armee des Fürsten Ankunft nicht so würcket sondern sich in der größten Unordnung zurück gemachet, daß also der Fürst von Anhalt am besagten 30 ten. dero einigen Schwerdtschlag in Leipzig eingezogen ist, nachdem er von derzeigen Magistrat ausserhalb des Thores auf das schönste empfangen und eingeholet worden.

undfünfzig Jahre alt, an seinem Hauptwerk »Kritik der reinen Vernunft« arbeitete, brach der Unabhängigkeitskrieg in Nordamerika aus, der die Loslösung von England, zugleich aber die Festigung und den weiteren Ausbau bürgerlicher Machtverhältnisse in den späteren USA brachte. Ab 1789 bewegten die Ereignisse der Französischen Revolution die Gemüter, und Kant zeigte lebhaftes Interesse, mehr noch — er propagierte in mehreren seiner Schriften das bürgerlich-progressive Anliegen der französischen Revolutionäre.

Kant lebte von 1724 bis 1804. In diesen Jahren führte die preußische Dynastie zahlreiche Kriege, die sie häufig selbst geschürt und begonnen hatte, so die Schlesischen Kriege und den Siebenjährigen Krieg. 1789 besaß Preußen ein stehendes Heer von 190 000 Mann, das relativ stärkste Heer in Europa, denn jeder 32. Einwohner war Soldat (in Österreich jeder 64., in Frankreich jeder 104. und in Rußland jeder 91.).

Am Ende seines Lebens wurde Kant Zeuge der schmählichen Interventionskriege der europäischen absolutisti-

2. Schlesischer Krieg. Übergabe der Stadt Leipzig an die Preußen am 30. November 1745. Stich

schen Großmächte gegen das revolutionäre Frankreich, an denen Preußen in der ersten Phase teilnahm. Kants Schrift »Zum ewigen Frieden« (1795) ist ein scharfer Protest gegen diese und alle anderen absolutistischen Kriege.

Verheerende Folgen hatte diese Politik vor allem für die kapitalistische Entwicklung: Durch das Bestehen der Leibeigenschaft gab es — im Unterschied zu England — weder ausreichend freie Arbeitskräfte zur Einführung der kapitalistischen Produktionsweise, noch erfuhr das Manufakturwesen durch den Staat hinreichend Unterstützung.

Es wurden vorrangig nur solche Manufakturen gefördert und mit erbarmungslos ausgebeuteten Arbeitskräften aus Armen-, Waisen- und Zuchthäusern versehen, die den Heeresbedarf und den Luxusbedarf des Adels decken mußten. Erst in den achtziger Jahren entstanden, oftmals durch Einführung von importierten Produktionsmitteln und -methoden, im größeren Maße kapitalistische Betriebe.

Das Heilige Römische Reich in den Grenzen von 1789. Das Kgr. Preußen gehörte nicht zum Reich. Das ehemalige Ostpreußen mit seiner Hauptstadt Königsberg war seit 1660 souveräner Bestandteil des brandenburgischen Kurfürstentums

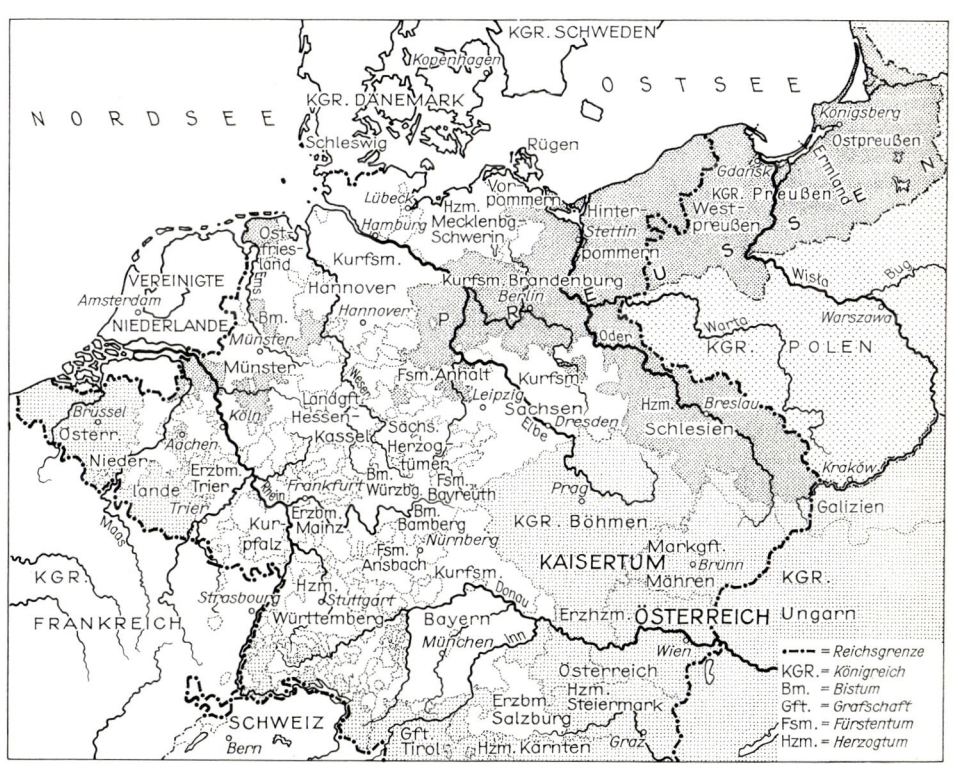

Das Entstehen einer bewußt auftretenden bürgerlichen Klasse wurde in Preußen unter solchen Umständen lange Zeit stark gehemmt. Nur in wenigen größeren Städten entwickelte sich ein bedeutenderes Bürgertum, und auch das orientierte sich ideologisch weniger an der deutschen Entwicklung als vielmehr am ökonomischen und politischen Aufschwung der englischen Bourgeoisie und besonders an den Ideen der französischen Aufklärung. Königsberg gehörte zu den wenigen Städten im damaligen Brandenburg-Preußen, wo das Bürgertum einige Bedeutung erlangt hatte. Die Stadt besaß eine eigene städtische Börse und recht umfangreiche Werftanlagen. Es gab dort Tuchmanufakturen, Sägewerke, Mühlen und Brauereien. Bedeutend war der Handel in dieser alten Hansestadt, die von vielen ausländischen Schiffen angelaufen wurde. Englische und holländische Kaufleute hatten Niederlassungen in Königsberg und brachten aus ihren Heimatländern manchen Impuls zur Entfachung eines bürgerlichen Klassenbewußt-

Kupferschmiede.
Nur gering war die Manufakturproduktion in Brandenburg-Preußen entwickelt

Buchdruckerwerkstatt

seins. Zu Kants besten langjährigen Freunden gehörten die englischen Kaufleute Green und Motherby, die in Königsberg ansässig waren.

Kant hat selbst in seiner »Anthropologie« auf die für das geistige Leben günstige Situation der Stadt hingewiesen:

»Eine große Stadt... die eine Universität (zur Cultur der Wissenschaften) und dabei noch die Lage zum Seehandel hat, welche durch Flüsse aus dem Inneren des Landes sowohl, als auch mit angränzenden entlegenen Ländern von verschiedenen Sprachen und Sitten einen Verkehr begünstigt, — eine solche Stadt, wie etwa *Königsberg* am Pregelflusse, kann schon für einen schicklichen Platz zur Erweiterung sowohl der Menschenkenntniß, als auch der Weltkenntniß genommen werden, wo diese, auch ohne zu reisen, erworben werden kann.« (5, S. 120 f.)

Ab 1724, dem Geburtsjahr Kants, wurden aus verwaltungsrechtlichen Gründen die drei Teil-»Städte Königsberg« (die »Altstadt«, die Neustadt »Löbenicht«, der »Kneiphof«) zur Stadt Königsberg mit einheitlicher Ver-

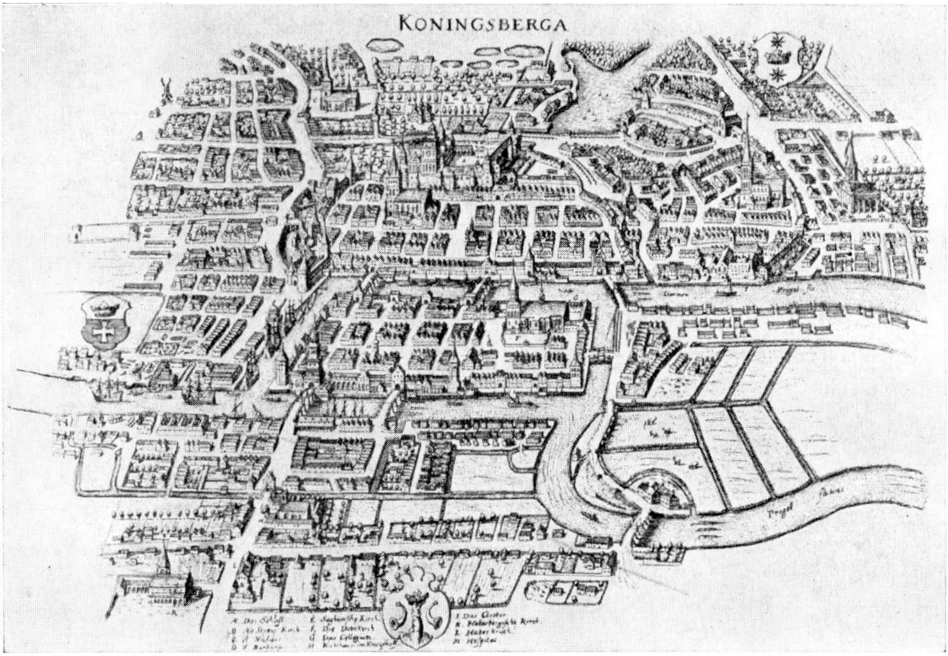

KONINGSBERGA

waltung ihrer Angelegenheiten vereinigt. Der Siebenjährige Krieg brachte der Stadt große wirtschaftliche Schäden.

Königsbergs alte Universität (1544 gegründet) erlangte zweifellos durch das Wirken Immanuel Kants ihren besten Ruf. Durch ihn wurde sie Anziehungspunkt der fortschrittlich gesinnten Jugend der deutschen Territorialstaaten. So studierte Herder in Königsberg, und Fichte eilte in die Stadt, um Kants Bekanntschaft zu machen, denn der große Philosoph galt zu Recht als der repräsentative Vertreter einer neuen Richtung in der deutschen Aufklärung und zugleich als der Bewahrer mancher fortschrittlichen Ideen der englischen und französischen bürgerlichen Bewegung, die er kritisch zu verarbeiten verstand.

Kindheit, Studium, Promotion

AM 22. April 1724 wurde Immanuel Kant als viertes von elf Kindern einer Königsberger Handwerkerfamilie geboren. Sein Vater, Johann Georg Kant (1683—1746), war Sattler (Riemenmeister), der es trotz seines Fleißes nicht zu Wohlstand bringen konnte. Die Mutter, Anna Regina geb. Reuter (1697—1737), scheint auf das Kind Immanuel den größeren Einfluß ausgeübt zu haben.

Borowski (1740—1831), ein Schüler und Biograph des Philosophen, schilderte die Mutter mit folgenden Charakterzügen: »Bei einem richtigen Verstande — empfindungsvoll, — zum Aufschwunge zu warmen Gefühlen im Christentum geneigt, — durch den damals unter uns viel geltenden Pietismus für förmliche Betstunden, die sie strenge beobachtete und dazu sie auch ihre Kinder anhielt, gestimmt —, eine unablässige Zuhörerin und herzliche Anhängerin des sel. Dr. Franz Albert Schultz ... Der Vater forderte Arbeit und Ehrlichkeit, besonders Vermeidung jeder Lüge; — die Mutter auch noch Heiligkeit dazu.« (6, S. 12 f.)

Kant sprach später mit großer Wärme von ihr als einer gefühlvollen und rechtschaffenen Frau und zärtlichen Mutter. Sie starb, als er dreizehn Jahre alt war.

Die Einflüsse, die aus dieser pietistischen Erziehung im Elternhaus nachhaltig auf Kant wirkten, sind wohl eher in einer bestimmten Moralauffassung zu suchen als in der Übernahme der pietistischen Dogmen und Kulthandlungen. Schon als junger Mann scheint sich Kant vom Religionskult ferngehalten zu haben, da er seiner Lebenshaltung widersprach. War der Pietismus ursprünglich im Zusammenhang mit der frühen deutschen Aufklärung entstanden, als ein Versuch einer Verinnerlichung der Religion und in Ablehnung der kirchlichen Orthodoxie, so hatte er zu Kants Zeiten seinen zunächst progressiven Charakter bereits verloren und begann in Frömmelei und Gebetskult auszuarten. Vor allem kleinbürgerliche Kreise schlossen sich im 18. Jahrhundert dieser Richtung an.

Die ersten Schuljahre verbrachte Kant an der Vorstädtischen Hospitalschule. Der von Borowski genannte Konsistorialrat und Professor Schultz (1692—1762) war Prediger der Mutter Kants und unterstützte sie bei ihren Bemühungen, den begabten Knaben auf die Lateinschule, das Collegium Fridericianum, zu schicken, das Kant von

Königsberg.
Altstädter Kirchplatz mit der Feste Friedrichsburg im Hintergrund.
Lithographie von Mützel

1732 bis 1740 besuchte. Er hat auch später noch während der akademischen Laufbahn Kants ein Wort für ihn eingelegt, ansonsten aber von ihm strenge Religiosität erwartet. Dies zeigt folgende Begebenheit:

Als 1758 an der Königsberger Universität eine Professur neu zu besetzen war, hat Fr. A. Schultz — der damals Professor für Theologie an der Universität Königsberg war — Kant vorgeschlagen. Er bestellte ihn zu sich und begrüßte ihn beim Eintreten mit der Gretchenfrage: »Fürchten Sie auch Gott vom Herzen?«

Diese kleine Episode zeigt, welch beengende geistige Verhältnisse auf den jungen Kant gewirkt haben. Um so höher ist es zu werten, daß Kant seinen eigenen Weg als »Selbstdenker«, wie er es von jedem vernunftbegabten Menschen forderte, gegangen ist. Dies kam offenbar schon bei dem Schüler Immanuel Kant zum Ausdruck, denn Borowski schreibt: »Sonst aber konnte er an dem Schema von Frömmigkeit oder eigentlich Frömmelei, zu dem sich

Das Collegium
Fridericianum um 1790

1750 erließ der absolutistische preußische Staatsapparat ein »Reglement wie die Studenten auf Königlichen Universitäten sich betragen und verhalten sollen«. Faksimile der 1. und 2. Seite

Nachdem Seine Königliche Majestät in Preussen ꝛc. zu Dero höchstem Mißfallen zeithero wahrnehmen müssen, wie daß auf denen Universitæten die gute Policey und Disciplin mehr und mehr in Verfall gerathen, indem der studirenden Jugend, aus höchstschädlicher Connivence ihrer Vorgesetzten, hauptsächlich aber aus interessirten Absichten einiger Professoren, gantz ungeziemende Freyheiten verstattet worden, wodurch viele derer Studenten, an statt daß solche ihre Zeit zu Erlernung guter Wissenschaften anwenden und sich zugleich einer anständigen Conduite befleißigen solten, in eine gantz freche Lebens-Art verfallen, welche sie nicht nur von allem Studiren zurück gesetzet, sondern selbige zugleich der Achtung der gantzen ehrbaren Welt unwürdig gemachet, und solche zum öftern um ihre Gesundheit und künftige Fortune gebracht hat: so haben höchstdieselbe aus höchsteigener Bewegung resolviret, dergleichen ungebührliche und schädliche Freyheit derer Studenten auf Dero Landes-Universitæten etwas mehr einzuschräncken, und derselben gewisse Maasse und Ziel zu setzen, mithin eine gute Policey und Aufsicht bey solchen herzustellen, damit eines Theils dieselbe ihre Studia mit gebührendem Fleiß abwarten und sich dabey einer anständigen Conduite befleißigen müssen, andern Theils aber deren Eltern und Vormündere versichert seyn können, daß sie die auf

)(2   ihre

mancher seiner Mitschüler ... bequemten, durchaus keinen Geschmack gewinnen.« (6, S. 14)

Kant hat sich später an die »Jugendsklaverei« der Schulzeit mit »Schrecken und Bangigkeit« erinnert. Als Kind soll Kant schüchtern und zurückhaltend gewesen sein, aber sehr fleißig und von starkem Willen. Ein Leben für die Wissenschaft schien schon dem Knaben ein erstrebenswertes Ideal, und gemeinsam mit Schulfreunden malte er sich ihre Söhne oder Unmündigen, währender deren Universitæts-Jahren verwandte Kosten, nicht vergeblich angeleget, sondern sie solche von daher wohl gesittet zurück bekommen, um dereinsten dem Vaterlande und dem gemeinen Wesen nützliche Dienste leisten zu können. Welches dann auch Se. Königl. Majestät hierunter nur lediglich und allein zur Absicht haben, und lieber sehen werden, daß nur fleißige und gut gesittete Studenten auf Dero Universitæten sich aufhalten, als daß durch eine große Anzahl frecher und ohngesitteter Leute einer mit dem andern verdorben werde.

Es ordnen und setzen höchstgedachte Se. Königl. Majestät demnach hierdurch ein vor allemal feste, daß

1. Denen Studenten das Degentragen auf Universitæten indistinctement, es mögen solche von der Theologischen, Iuristischen oder was vor Facultæt sie wollen, seyn, verbothen seyn soll, jedennoch diejenigen davon ausgenommen, welche von Adelicher Herkunft seyn, als denen das Degentragen erlaubet bleibet.

2. Soll ein jeder Student sich einer ehrbaren und anständigen Lebens-Art befleißigen, sich überall bescheiden und friedlich betragen, und alle liederliche Händel und Excesse gänzlich vermeiden.

Insonderheit sollen die Theologi sich stille verhalten, einer gesitteten Aufführung befleißigen und alles scandale vermeiden, um nicht den Vorwurf zu haben, daß man ihnen keine Lehr-Aemter noch

aus, wie er später einmal unter der latinisierten Form seines Namens »Kantius« seine Werke veröffentlichen werde.

Diesem Ideal ist er treu geblieben, bedeutende Werke hat er geschrieben — seinen Namen Kant hat er jedoch nicht verändert.

Kant begann im Herbst 1740 mit dem Universitätsstudium. Damit sollte sich für ihn das Tor zur Wissenschaft seiner Zeit öffnen, denn bereits die erste Phase des Studiums, der Besuch der philosophischen Fakultät, umfaßte einen Querschnitt an Fächern zahlreicher Wissensgebiete: altsprachliche Fächer, Mathematik, Logik und Metaphysik, Praktische Philosophie, Naturlehre, Poesie, Beredsamkeit und Geschichte. An den preußischen Universitäten diente die sogenannte philosophische Fakultät zur Vorbereitung auf eine der drei »oberen« Fakultäten: der medizinischen, juristischen und theologischen. Jeder Student sollte sich für eine dieser oberen Fakultäten einschreiben. Kants Hauptinteresse galt offensichtlich den mathematisch-naturwissenschaftlichen und philosophischen Fächern, ebenso der lateinischen Klassik.

Für die Entwicklung des jungen Studenten war der Einfluß des außerordentlichen Professors für Philosophie und Mathematik Martin Knutzen (1713—1751) besonders anregend — ja in gewisser Weise bestimmend für die weiteren wissenschaftlichen Interessen. Martin Knutzen war ein für seine Zeit bedeutender akademischer Lehrer, der den neuesten Wissensstand repräsentierte, so die Newtonsche Physik und Mathematik und die Wolffsche Metaphysik, die eine Systematisierung, zugleich aber auch eine gewisse Verflachung des gewaltigen Leibnizschen Erbes darstellte. Knutzen beschäftigte sich auch mit Astronomie, und möglicherweise hat er Kants späteres großes Interesse für dieses Gebiet mit angeregt.

Selbst ein origineller Kopf, verstand es Knutzen, seine Zuhörer zum Auffinden offener Probleme und zum Weiterdenken anzuregen. Dem jungen Kant schien er besonders zugetan zu sein; er erlaubte ihm, jederzeit seine umfangreiche gute Privatbibliothek zu benutzen.

Mit Studienabschluß (etwa Sommer 1746) reichte Kant zum ersten Male eine eigene Veröffentlichung zur Zensur ein, die allerdings erst 1749 gedruckt erschien: »Gedanken von der wahren Schätzung der lebendigen Kräfte und Beurteilung der Beweise, deren sich Herr von Leibniz und andere Mechaniker in dieser Streitsache bedient haben, nebst einigen vorhergehenden Betrachtungen, welche die Kraft der Körper überhaupt betreffen«. Kant erörtert in dieser Schrift das bei René Descartes (1596—1650), Gottfried Wilhelm Leibniz (1646—1716), Isaac Newton (1643 bis 1727), Daniel Bernoulli (1700—1782) u. a. behandelte

Gottfried Wilhelm Leibniz (1646—1716). Gemälde von A. Graff. Leibnizens Philosophie wurde von Christian Wolff systematisiert, jedoch auch verflacht. Mitte des 18. Jahrhunderts war sie die herrschende Schulphilosophie an den deutschen Universitäten

Problem der Berechnung der Kräfte bei Bewegungsabläufen. Er nahm sich dabei vor, »das Ansehen der Newtons und Leibnize für nichts zu achten, wenn es sich der Entdeckung der Wahrheit entgegensetzen sollte« (7. S. 7), meint aber damit völlig im Sinne jener Männer der Wissenschaft zu handeln.

Das genannte Problem konnte Kant nicht zufriedenstellend lösen, aber diese erste Schrift Kants läßt schon erkennen, daß der junge Wissenschaftler eigene Wege zu gehen gewillt war.

Interessant sind vor allem seine naturphilosophischen Auffassungen von einer dynamischen »physischen Monade«, d. h. von Materie-Einheiten, die aus innerer Kraft heraus den Raum kontinuierlich ausfüllen. Hier zeigen sich Ansätze einer dialektischen Lösung der Beziehung zwischen Materie, Bewegung und Raum, die Kant später weiter ausbaut und die die mechanische, bei Newton noch vorhandene Konzeption von Atomen, die sich im leeren Raum befinden, in Frage stellen, zugleich aber die Leibnizsche, zwar dynamische, jedoch nicht-materielle und nicht-räumliche Monade materialistisch interpretieren.

Nach dem Studium und dem Tod seines Vaters (1746) mußte sich der mittellose Kant fast neun Jahre lang in verschiedenen Stellungen sein Brot als Hauslehrer verdie-

Feierliche
Doktorpromotion
im 18. Jahrhundert.
Stich von Dendrono
um 1725

nen, ein Los, das er mit vielen bedeutenden Männern der
damaligen Zeit teilte — so auch mit Johann Gottlieb Fichte
(1762—1814) und Georg Wilhelm Friedrich Hegel (1770
bis 1831). Dies waren die einzigen Jahre, in denen er nicht
in Königsberg wohnte.

Die Hauslehrerjahre nutzte Kant zu Studien, besonders
der Werke Newtons, Leibniz', Christian Wolffs (1679 bis
1754) und geologischer und astronomischer Schriften, die
mit dem Siegeszug des copernicanischen Weltbildes und
den Forschungen von Kepler (1571—1630), Galilei (1564
bis 1642), Tycho von Brahe (1546—1601), Halley (1656
bis 1742) u. a. in großer Zahl erschienen und die Geister
bewegten. In diese Jahre fallen Kants Vorarbeiten zu einer
seiner berühmtesten Schriften, seiner Kosmogonie »Allgemeine Naturgeschichte und Theorie des Himmels«. Um
den Problemkreis dieser Schrift gruppieren sich zwei weitere Artikel: eine Untersuchung über Veränderungen der
Erdumdrehung und »Die Frage, ob die Erde veralte, phy-
sikalisch erwogen«, beide 1754 verfaßt.

Kants Absicht war es, die Universitätslaufbahn einzu-
schlagen. 1755 mußte er nach der bestehenden Ordnung
zum Magister promovieren. Seine Promotionsschrift hatte
den Titel »De igne« (Über das Feuer) und behandelte Probleme der Wärmelehre.

Borowski berichtet: »Nach dem gewöhnlichen Examen ward er 1755 am 12. Juni öffentlich promoviert. Es war, ich erinnere mich's noch lebhaft, bei dem Promotionsakt ein seltener Zusammenfluß von hiesigen angesehenen und gelehrten Männern und bei der lateinischen Rede, die K. nach der Promotion hielt, legte das ganze Auditorium durch ausgezeichnete Stille und Aufmerksamkeit die Achtung an den Tag, mit der es den angehenden Magister aufnahm.« (6, S. 17)

Im September erfolgte Kants Habilitation mit der Schrift »Principiorum primorum cognitionis metaphysicae nova dilucidatio« (Neue Erhellung der ersten Grundsätze metaphysischer Erkenntnis), in der er Leibnizsche metaphysische Grundsätze noch im Stile herrschender Metaphysik erörtert, jedoch mit dem Versuch einer Vereinigung dieser philosophischen Fragestellungen mit der Newtonschen Physik.

»Allgemeine Naturgeschichte und Theorie des Himmels«

DIE bedeutendste Frucht dieser Jahre jedoch ist die »Allgemeine Naturgeschichte und Theorie des Himmels, oder Versuch von der Verfassung und dem mechanischen Ursprunge des ganzen Weltgebäudes nach Newtonschen Grundsätzen abgehandelt«. Kant entwickelte hier seine geniale Hypothese von der systematischen Verfassung des Fixsternhimmels und dem Entstehen der Sonnensysteme und des Milchstraßensystems (der Galaxis) aus rotierenden, sich verdichtenden Urnebeln. Die Schrift erschien anonym und blieb lange Jahre fast unbekannt, da das Warenlager des Verlages wegen eines Konkurses versiegelt worden war. Kant hat jedoch 1763 in seiner Schrift »Der einzig mögliche Beweisgrund zu einer Demonstration des Daseins Gottes« eine zusammenfassende Darstellung des Inhalts der »Allgemeinen Naturgeschichte« veröffentlicht.

Der junge Philosoph war zu seinen kosmologischen

Überlegungen durch ein 1750 in London erschienenes Buch von Thomas Wright von Durham »An original theorie and new hypothesis of the universe« (Eine neuartige Theorie und neue Hypothese vom Universum) angeregt worden.

Kants Theorie einer Entwicklung der Planetensysteme und Galaxien eröffnete die Wiedergeburt dialektischer Denkweise im großen Stil durch die klassische deutsche Philosophie, wie sie bisher in ähnlicher Ausdruckskraft nur in der griechischen antiken Philosophie aufgetreten war. Deshalb schätzt auch Engels Kants Leistung hoch ein, indem er darauf verweist, daß eine exakte Darstellung des Weltganzen und der Menschheit nur auf diesem dialektischen Wege möglich ist.

Titelblatt der Erstausgabe der »Allgemeinen Naturgeschichte und Theorie des Himmels«, 1755

Isaac Newton
(1643–1727).
Gemälde von Vanderbank.
Kant geht »mit Newton
über Newton hinaus«

»Die Kantische Theorie von der Entstehung aller jetzigen
Weltkörper aus rotierenden Nebelmassen war der größte
Fortschritt, den die Astronomie seit Kopernikus gemacht
hatte. Zum ersten Male wurde an der Vorstellung gerüttelt,
als habe die Natur keine Geschichte in der Zeit ... In diese,
ganz der metaphysischen Denkweise entsprechenden Vorstellung legte Kant die erste Bresche, und zwar in so wissenschaftlicher Weise, daß die meisten von ihm gebrauchten
Beweisgründe auch heute noch Geltung haben.« (8, S.52f.)

In der Tat kündigt sich in der »Allgemeinen Naturgeschichte ...« an, daß Immanuel Kant den Weitblick eines
der ganz Großen des philosophischen Denkens besaß und
als Wegbereiter einer neuen Denkweise in seiner Zeit zu
werten ist. Damit wird aber die Auseinandersetzung mit
überlieferten Vorstellungen, besonders mit den noch herrschenden theologischen Auffassungen, aber auch dem mechanischen Weltbild, notwendig. Kant ist sich sehr wohl bewußt
gewesen, daß sein Unterfangen einer »systematischen Darstellung des Universums und seiner Bildung nach den Newtonschen Grundsätzen der Himmelsmechanik« bedeutete,
mit Newton über Newton hinauszugehen — und zwar nicht
nur im Streit um einzelne wissenschaftliche Probleme der
Erklärung der Planetenbewegung, sondern vor allem in
der Auseinandersetzung mit einem theologischen Weltbild,

mit dem Schöpfungsmythos und dem Wunderglauben, der z. T. noch Newtons Denken beeinflußte.

In der Vorrede nennt Kant vor allem zwei Schwierigkeiten, einmal »innere«, d. h. theoretische, die sich aus der erkenntnismäßigen Erarbeitung des Gegenstandes ergeben, zum anderen aber Schwierigkeiten »in Ansehung der Religion«, denn leicht könne sein Unternehmen als eine Schutzrede der Gottesleugner mißverstanden werden.

Gegen die Interpretation seiner Schrift als einer atheistischen, einen Schöpfergott leugnenden Darlegung verwehrt sich Kant allerdings — nicht nur aus »taktischen« Gründen wegen der herrschenden Zensurbedingungen, sondern sicher auch aus echten religiösen Skrupeln, die in jener Entwicklungsperiode Kants noch vorhanden sind, von denen er sich aber zunehmend löste. Wie seine Zeitgenossen Rousseau (1712—1778), Voltaire (1694—1778). Lessing und Mendelssohn stand Kant auf deistischem Standpunkt, d. h., er akzeptierte die Annahme eines Schöpfergottes zunächst, lehnte aber jegliche Erklärung irgendwelcher Naturzusammenhänge aus dem Eingreifen Gottes heraus ab. Die einzig anerkannte Autorität ist für Kant die Wissenschaft seiner Zeit. Alle Erscheinungen, selbst die scheinbaren Mängel und Abweichungen von einer idealen Wirkungsweise der Naturgesetze — beispielsweise die Abweichung der Planetenbahn von einer kreisförmigen Bewegung um die Sonne (die Exzentrizität der Bahn, ihre elliptische Gestalt, die bei jedem Planeten anders ausfällt) — müssen nach Kants Überzeugung eine einfache, natürliche Erklärungsweise finden, ohne die Zuhilfenahme der Idee eines eingreifenden Gottes.

Die Überzeugtheit vom letztlichen Sieg der wissenschaftlichen Methode über jegliche unbegründete Spekulation bewegte Kant sein Leben lang; sie bestimmt auch diese kleine Schrift und verleiht ihr einen kämpferischen Charakter in den ideologischen Auseinandersetzungen der damaligen Zeit.

Kühn ist Kants Unternehmen einer Vervollkommnung und weiterer Begründung des copernicanischen Weltbildes — kühn sind auch seine einleitenden Worte: »Ich sehe alle ... Schwierigkeiten wohl und werde doch nicht kleinmütig. Ich empfinde die ganze Stärke der Hindernisse, die

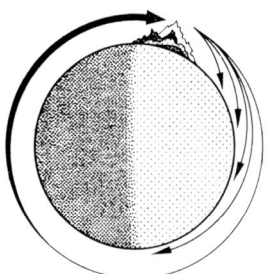

Darstellung des von Newton entdeckten Gravitationsgesetzes

sich entgegensetzen und verzage doch nicht. Ich habe auf
eine geringe Vermutung eine gefährliche Reise gewagt und
erblicke schon die Vorgebirge neuer Länder. Diejenigen,
welche die Herzhaftigkeit haben, die Untersuchung fortzu-
setzen, werden sie betreten und das Vergnügen haben, selbige mit ihrem Namen zu bezeichnen.« (9, S. 37)

Offensichtlich hat Kant als das stärkste Hindernis bei
der Durchsetzung eines wissenschaftlichen Weltbildes die
Theologie in ihrer kirchlich-dogmatischen Form und ihre
eifernden Vertreter der kirchlichen Orthodoxie angesehen.
Er hält es deshalb für notwendig, sich in der Vorrede zunächst »in Ansehung der Pflichten der Religion in Sicher-
heit« zu sehen (9, S. 37), d. h., den Vorwurf des Atheismus
zwar abzuweisen, zugleich aber für eine wissenschaftliche
Erklärung der Natur einzutreten.

Gegenüber den Glaubenseiferern meint Kant, es seien
schlechte Verteidiger der Religion, die der Natur als Schöpfung Gottes Eigengesetzlichkeit, Schönheit und Ordnung
aus eigner Kraft absprechen wollen und damit das Schöp-
fungswerk herabsetzen. Die zweckmäßigen Einrichtungen
der Natur können nicht, jede isoliert von der anderen,
durch wunderbare Eingriffe Gottes als ein »erstaunliches
Ungefähr« entstehen — sie erweisen sich vielmehr als ein

System von Gesetzmäßigkeiten der Natur, dem freilich ein
»unendlicher Verstand« zugrunde liegt, der die Anlage zur
Planmäßigkeit in der Materie gelegt hat. Ähnliche Argumente gegen den Wunderglauben hatte übrigens schon der
von Kant hoch verehrte große Philosoph und Wissenschaftler Leibniz vorgebracht. Wir werden jedoch sehen, daß
Kant sich in dieser Schrift trotz derartiger Zugeständnisse
an eine deistische Auffassung stärker als mancher seiner
Zeitgenossen einer materialistischen Naturphilosophie
nähert.

Seine Naturphilosophie geht in allen wesentlichen Fragen vom Prinzip der materiellen Einheit der Welt aus. So
stehen für Kant auch alle wissenschaftlich haltbaren Argumente auf seiten seines materialistischen Weltbildes — für
die Existenz Gottes findet Kant nur Worte der subjektiven
Beteuerung des Glaubens.

In der griechischen Atomistik sieht Kant zu Recht »die
wahre Theorie der Gottesleugnung im Altertum«. Er billigt
ihre atheistischen Schlüsse nicht — bewundert aber den
wissenschaftlich-hypothetischen Wert ihrer Aussagen. Epi-

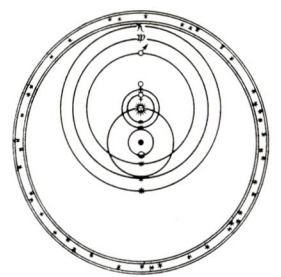

Weltbild Tycho von Brahes, der Copernicus' Auffassung nicht teilte: nach ihm bewegen sich die Planeten zwar um die Sonne, diese umkreist aber ihrerseits die als ruhend angenommene Erde

kurs Atomistik hält er für den Entwurf der Scharfsinnigkeit eines großen Geistes, tadelt aber entschieden dessen Auffassung, daß die Atome zufällig und willkürlich von ihrer gesetzmäßigen Bahn abweichen können.

»In meiner Lehrverfassung hingegen finde ich die Materie an gewisse notwendige Gesetze gebunden. Ich sehe in ihrer gänzlichen Auflösung und Zerstreuung ein schönes und ordentliches Ganze sich ganz natürlich daraus entwickeln. Es geschiehet dieses nicht durch einen Zufall und von ungefähr, sondern man bemerket, daß natürliche Eigenschaften es notwendig also mit sich bringen.« (9, S. 44)

In der Vorrede prägt Kant das stolze Wort: »Gebet mir Materie, ich will eine Welt daraus bauen!«

Einzig und allein »Anziehungs- und Zurückstoßungskraft«, »beide der Newtonschen Weltweisheit« entlehnt (d. h. der Newtonschen Gravitationslehre), sollen zur Erklärung herangezogen werden.

Der Fixsternhimmel als System

Im ersten Teil der Schrift gibt Kant einen »Abriß einer allgemeinen systematischen Verfassung unter den Fixsternen, aus den Phänomenis (Erscheinungen) der Milchstraße

Tycho von Brahe (1546—1601)

hergeleitet«. Der Nachweis des Nicolaus Copernicus (1473 bis 1543) vom heliozentrischen Aufbau des Sonnensystems, Keplers Gesetze der Bahnbewegung und die u. a. darauf beruhende klassische Physik und Himmelsmechanik Newtons sind für ihn festbegründetes Wissen der Menschheit, von dem ausgegangen werden muß. Darauf gründet Kant nun den Gedanken einer systematischen Verfassung nicht nur unseres Planetensystems, sondern der gesamten Galaxis, in der unser System nur einen winzigen Bereich ausmache. Kant schließt sich ausdrücklich an Thomas Wrights Vermutung an, der hierin »einen glücklichen Schritt« gegangen sei. Die Fixsterne seien sehr wahrscheinlich Wandelsterne einer höheren Ordnung. So habe schon Bradley (1692—1762), der bedeutende englische Astronom, ein kaum merkliches Fortrücken der Sterne bemerkt. Später stellte es sich jedoch heraus, daß Bradley nicht die Fixsternparallaxe, nach der man Fixsternbewegungen feststellen konnte, entdeckt hatte, sondern die ebenfalls für Standortberechnungen von Himmelskörpern wichtige Aberration, die Abweichung bei der Messung, die durch die Umlaufbewegung der Erde notwendig entsteht. Erst der Königsberger Astronom Bessel (1784—1846) konnte 1837/38 die Parallaxe eines Sternes exakt feststellen.

Friedrich Wilhelm Bessel (1784—1846) war ab 1810 Direktor der Sternwarte Königsberg

Friedrich Wilhelm
Herschel (1738—1822)

Kant vermutete weiterhin, daß die von Maupertuis (1698 bis 1759) beschriebenen elliptischen nebeligen Figuren, die außerhalb der Milchstraße gesichtet wurden, ebenfalls Galaxien seien, die aber zusammen mit unserem Milchstraßensystem und vielen noch unbekannten Galaxien ein System höherer Ordnung bilden könnten (eine Metagalaxis). Unter »systematischer Verfassung« verstand Kant somit nicht einfach nur, daß sich in jedem einzelnen System Planeten um einen Zentralkörper drehen, sondern er bezog diesen »Lehrbegriff« auf das unendliche Universum. Auch schloß er in diesen Begriff die Reflexion weiterer gesetzmäßiger Beziehungen ein: so die Beschränkung der Planetenbahnen auf eine Ebene (mit geringen Abweichungen) im Verhältnis zum Äquator der Sonne und gewisse proportionale Beziehungen von Masse und Dichte, Geschwindigkeit des Sonnenumlaufs und der Eigenumdrehung und Abhängigkeit der Exzentrizität der Bahnen von der Sonnenentfernung. Da Kant bei seinen Berechnungen nicht nur das Gravitationsfeld der Sonne, sondern auch das der einzelnen Planeten berücksichtigte, vermutete er, daß Abweichungen in der Proportion Planetenmasse — Sonnenentfernung auf die Einwirkung einer näher befindlichen Masse, eines anderen Planeten, zurückzuführen seien. Auf diese Weise erklärt er z. B., weshalb der Mars kleiner als die Erde sei, obwohl doch sonnenferner; Jupiter habe ihn »seiner Masse beraubt«.

Kant war sich auch ziemlich sicher, daß zwischen den damals bekannten sechs Planeten (Merkur, Venus, Erde, Mars, Jupiter und Saturn) und den um die Sonne kreisenden Kometen (von deren Umlauf man damals durch die Beobachtungen Halleys bereits wußte) weitere, noch unbekannte Himmelskörper vorhanden sein müßten.

Diese in ihrem Grundgehalt durchaus richtigen Gedankengänge wurden noch zu Kants Lebzeiten bestätigt: 1781 entdeckte Fr. W. Herschel (1738—1822) in einer Märznacht den Planeten Uranus, und am 1. Januar 1801 fand Piazzi von Palermo (1746—1826) den ersten der vielen tausend Kleinplaneten, Ceres, der sich im Planetoidengürtel zwischen Mars und Jupiter bewegt. Diese Entdeckung wurde von Kant mit Genugtuung aufgenommen und an seinem Mittagstisch mit Freunden wiederholt besprochen, ohne daß sich freilich der bescheidene Mann auf seine Hypothese von 1755 berufen hat.

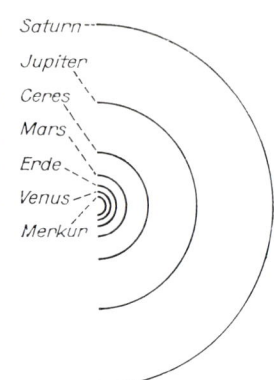

Herschel ergänzte die Vorstellung vom Planetensystem

Wir wissen heute, daß Kants Berechnungen der Gravitationswirkungen nicht exakt zutreffen. Oft hat er sich sogar sehr geirrt — so beispielsweise mit seiner Meinung, daß die Exzentrizität der Planeten mit Sonnenentfernung zunehme und sich deren Bahnverlauf den Kometenbahnen nähere. Uranus und Neptun als sonnenferne Planeten haben aber eine fast kreisförmige Bahn. Kants Denkprinzip ist jedoch für seine Zeit und auch heute noch bewundernswert — vermeidet er doch in allen Fragen der Erklärung der Naturzusammenhänge den Rückgriff auf göttliche Wunder und sucht nach einer wissenschaftlich begründbaren Antwort.

Das Weltall hat sich historisch entwickelt

Den gewaltigsten Schritt nach vorn geht der Philosoph jedoch mit der konsequenten Einführung der historischen Betrachtungsweise in diese Wissenschaft. Er ringt um die Lösung eines Problems, auf das bereits Newton gestoßen war: Wie ist die Entstehung der Schwungkraft der Planeten zu erklären, da sich doch diese Himmelskörper im fast völlig leeren Raum bewegen und eine Übertragung der bewegenden Kräfte nicht möglich scheint? »Newton...«, schrieb Kant, »konnte keine materialistische Ursache verstatten, die durch ihre Erstreckung in dem Raume des Planetengebäudes die Gemeinschaft der Bewegungen unterhalten sollte. Er behauptete, die unmittelbare Hand Gottes habe diese Anordnung ohne die Anwendung der Kräfte der Natur ausgerichtet.« (9, S. 82)

Eben gerade diese Schwierigkeit war jedoch die Quelle der Kantschen Lehrverfassung. Kants Lösung ist so genial, wie sie einfach ist: Newton geriet deshalb in Schwierigkeiten, weil er das Planetensystem nicht in der historischen Entwicklung betrachtete. Kant aber vermutet, daß die kosmische Materie nicht immer im gleichen Zustande wie heute gewesen sei, sondern eine Entwicklung ihrer Struktur von einem chaotischen Urzustand bis zur heutigen

Herschels großes Teleskop

Gestalt der Planetensysteme durchlaufen habe. Die anfänglich verbreitete, aber bereits in einer bestimmten Dichte den Raum verhältnismäßig kontinuierlich erfüllende Urmaterie muß sich nach den Gesetzen der Anziehung und Abstoßung in Bewegung versetzt haben, wodurch ein riesiger Wirbel entstand, der zu einer Konzentration der größten Masse der Materie im Zentrum geführt habe und damit zur Entstehung der Sonne, die aus leichtesten und flüssigen, damit das Feuer unterhaltenden Elementen bestehe. Die Planeten sind aus diesen Wirbelbewegungen entstandene Zusammenballungen (»Klumpen«) von festen Materieteilchen, die durch das Einspielen von Attraktion und Repulsion im schwebenden Gleichgewicht gehalten werden und die Sonne umkreisen. Der Schwung der Planeten um die Sonne entstehe, indem der Anziehungskraft des Zentralkörpers, die bei alleiniger Einwirkung den freien Fall der Teilchen nach der Mitte hervorrufen würde, die Zurückstoßungskraft der Materie entgegenwirkt. Das Aufeinanderprallen dieser widersprüchlichen Kräfte führt nach Kant zur seitlichen Abweichung des Bewegungsverlaufs, ». . . und der senkrechte Fall schlägt in Kreisbewegungen aus, die den Mittelpunkt der Senkung umfassen« (9, S. 85). Nach und nach entsteht aus den zunächst ungeregelten Kreisbewegungen die Anordnung der Umlaufbahnen auf einer Horizontale mit geringen Abweichungen nach »oben« und »unten«, da diese Anordnung am wenigsten gegenseitige Behinderung hervorrufe. »In diesem Zustande, da alle Teilchen nach einer Richtung und in parallellaufenden Kreisen, nämlich in freien Zirkelbewegungen, durch die erlangte Schwungskräfte um den Centralkörper laufen, ist der Streit und der Zusammenlauf der Elemente gehoben, und alles ist in dem Zustande der kleinsten Wechselwirkung.« (9, S. 86)

Die Newtonsche Anziehungskraft muß also notwendigerweise ergänzt werden durch ein »allgemeines Gesetz des Widerstandes« der Materie — ein durchaus dialektischer Gedanke. Interessant ist auch, daß Kant über diese dialektische Fassung mechanischer Gesetze hinaus und in seinem Bestreben, möglichst viele Faktoren zur Erklärung der Zusammenhänge heranzuziehen, bereits Kräfte annimmt, die in den Bereich der Chemie hinüberführen, so die Affinität der Materieteilchen je nach Art der Elemente. Hier legt Kant seine bereits erwähnte Konzeption einer dynamischen Materie, die in einer großen Mannigfaltigkeit der Elemente existiere, zugrunde.

Kants Kosmogonie ist überhaupt nur voll zu begreifen, wenn man seine Auffassung von den Wesenszügen der Urmaterie berücksichtigt. Bedeutungsvoll ist dabei der Gedanke einer unmittelbaren Einheit von Materie und Bewegung und seine Meinung, daß die sich selbst bewegende Materie damit den Raum konstituiere.

Die Materie ist eine aktive, die Anlage zur eignen Vervollkommnung in sich tragende Substanz: ».. die Materie, die bloß leidend und der Formen und Anstalten bedürftig zu sein scheinet, hat in ihrem einfachsten Zustande eine Bestrebung, sich durch eine natürliche Entwicklung zu einer vollkommenern Verfassung zu bilden.« (9, S. 83)

Einen bloß passiv verharrenden Stoff hält Kant schon deshalb für undenkbar, da die Verschiedenheit der Elemente, ihre mannigfaltigen Eigenschaften, zum Widerstreit und damit zur Bewegung führen. Nur bei Annahme einer allgemeinen Gleichheit der Teilchen könne Ruhe bestehen. Tritt aber aufgrund dieser Mannigfaltigkeit Bewegung ein, kann sie nur kurze Zeit chaotisch sein; es müssen sich mit Notwendigkeit gesetzmäßige Abläufe (nach dem Prinzip des Gleichgewichts der Kräfte und der kleinsten Wechselwirkung) herausbilden.

»Bei einem auf solche Weise erfüllten Raume dauert die allgemeine Ruhe nur einen Augenblick. Die Elemente haben wesentliche Kräfte, einander in Bewegung zu setzen und sind sich selber eine Quelle des Lebens. Die Materie ist sofort in Bestrebung, sich zu bilden.« (9, S. 84)

Hiermit versetzt Kant einer theistischen Naturauffassung einen entscheidenden Schlag: Gott wird zwar noch als Schöpfer der Urmaterie anerkannt — aber weiter reicht seine Funktion nicht. Selbst die Gesetzmäßigkeiten der Natur sind nicht direkt auf Gottes Wirken zurückzuführen und von ihm gar nicht eigentlich in ihrem Ablauf »geplant« — sie sind das natürliche und notwendige Resultat des »Einspielens« der Naturkräfte. Gott hat demnach den Mechanismus gar nicht direkt entworfen.

Dieses bei Newton noch vorhandene Zugeständnis an die Religion verwirft Kant; für ihn hat Gott nur als Schöp-

Johannes Kepler
(1571—1630)

fer der mit bestimmten Kräften ausgerüsteten Urmaterie
Geltung, wobei dieser Schöpfungsakt unendlich weit zu-
rückliegt.

»Und daher kann man mit gutem Grunde setzen, daß
die Anordnung und Einrichtung der Weltgebäude aus dem
Vorrate des erschaffenen Naturstoffes in einer Folge der
Zeit nach und nach geschehe; allein die Grundmaterie selber, deren Eigenschaften und Kräfte allen Veränderungen
zum Grunde liegen, ist eine unmittelbare Folge des göttlichen Daseins; selbige muß also auf einmal so reich, so

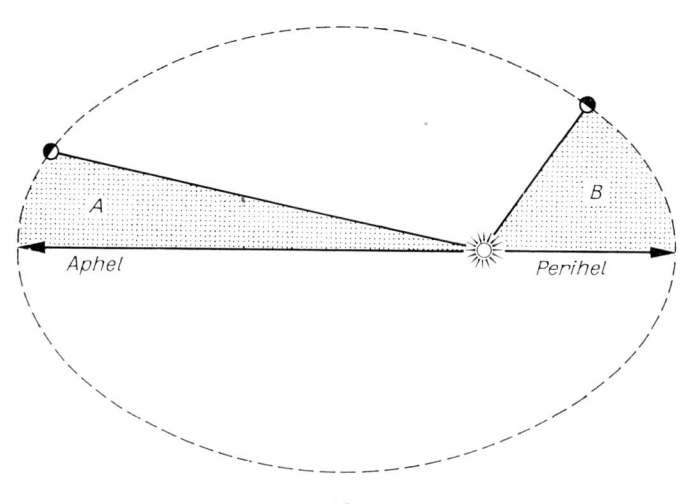

Kepler stellte
aufgrund empirischer
Beobachtungen die
elliptische Form der
Planetenbahnen fest und
kam zu dem Schluß, daß
die Geschwindigkeit der
Planeten um so größer
wird, je mehr sie sich
der Sonne nähern

vollständig sein, daß die Entwickelung ihrer Zusammensetzungen in dem Abflusse der Ewigkeit sich über einen Plan ausbreiten könne, der alles in sich schließet, was sein kann, der kein Maß annimmt, kurz, der unendlich ist.« (9, S. 136)

Welten ohne Zahl entspringen daraus — ein Gedanke von der Unendlichkeit des Kosmos, den bereits der große Renaissance-Philosoph Giordano Bruno (1548—1600) verkündete und der ihn 1600 auf den Scheiterhaufen der Inquisition brachte.

Kants kosmogonische Hypothese bot die Möglichkeit, weitere wissenschaftliche Argumente gegen den Wunderglauben vorzubringen, so bei der Lösung des folgenden Problems: Die Berechnung der Planetenbewegung nach den Gesetzen der Newtonschen Mechanik ergab, daß es aufgrund des Energieverlustes des Systems allmählich zu Bahnveränderungen und damit zur Störung des Ablaufs kommen mußte, so wie eine aufgezogene Uhr ebenfalls mit der Zeit abläuft. Newton, der von der Konstanz unseres Planetensystems ausging, sah auch hier keine andere Erklärungsmöglichkeit für die Ausschaltung dieses Mangels als die Hand Gottes. Selbst ein zutiefst religiöser Mann — wenn auch nicht im kirchlich-dogmatischen Sinne —, nahm Newton Zuflucht zu der spekulativen These, daß Gott von Zeit zu Zeit in das »Räderwerk« korrigierend eingreife. Diese dem Wunderglauben Vorschub leistende Haltung hatte schon Leibniz verspottet.

Kant setzt nun dem Argument der göttlichen Regulierung folgende Überlegung entgegen: Man könne das gesamte Universum als ein ewiges, unendliches System betrachten, das seine Bildung von einem Mittelpunkt her, ausgehend von einem gewaltigen Zentralkörper, vollziehe und sich immer weiter ins Unendliche ausbreite — und zwar je weiter vom Mittelpunkt entfernt, mit um so größerer Zerstreuung der Galaxien, die aber dennoch insgesamt systematisch aufeinander bezogen sind. Voraussetzung ist aber immer der bereits mit Materie angefüllte Raum, denn die Bildung der Welten ist keine ständige Schöpfung von Materie aus dem Nichts, sondern die bloße Formierung der bereits vorhandenen, zunächst chaotischen Materie aufgrund der ihr innewohnenden Gesetze, beherrscht von der

Gravitationswirkung des Zentralkörpers. Dieses System ist unendlich und ewig im Ganzen, obwohl sich in ihm ein ständiges Werden und Vergehen der einzelnen Welten (Planetensysteme und ganzer Galaxien) vollzieht. Kant stellt sich diesen Vorgang als unendlich sich wiederholenden Kreislauf der Natur vor, der vom Zentrum aus in den unendlichen Raum fortschreitet.

Während dem Zentrum nahe »alte« Welten untergehen und sich in Chaos auflösen müssen, indem die Planeten bzw. die Fixsterne in den jeweiligen Zentralkörper stürzen, sind in weiterer Entfernung vom allgemeinen Mittelpunkt neue und vollkommenere Welten in Bildung begriffen. Aber auch die schon vergangenen Welten müssen sich erneuern — kann doch das Chaos nur kurze Zeit bestehen, weil die Bewegung unzerstörbar ist und sich wieder als gesetzmäßiger Ablauf formieren muß. Da dieser Vorgang unendlich ist, könne man in diesem Sinne von einer unendlichen Schöpfung sprechen, wobei die ausgebildete Natur »allemal nur ein unendlich kleiner Teil desjenigen Inbegriffs« ist, ». . . der den Samen zukünftiger Welten in sich hat«. (9, S. 140)

Mit wahrer Begeisterung spricht Kant von diesem »Phönix der Natur, der sich nur darum verbrennet, um aus der Asche wiederum verjüngt aufzuleben . . .« (9, S. 148) Angesichts eines derartigen Reichtums der unendlichen Natur hält Kant ein Bedauern wegen des Untergangs endlicher Welten für müßig.

Mit diesen Passagen seines Werkes nähert sich Kant einer philosophischen Tradition, die durch so bedeutende Namen wie Giordano Bruno und Benedict Spinoza (1632 bis 1677) markiert ist und die als Pantheismus bei den progressiven Kräften des 18. Jahrhunderts eine weite Verbreitung fand (u. a. bei Lessing [1729—1781], Herder und Goethe [1749—1832]): Gott und Natur werden identifiziert, wobei die Natur als schöpferische Substanz, die allen Reichtum ihrer Formen aus sich selbst produziert, verstanden wird. Das Prinzip einer materiellen Einheit der Welt wird auf diese Weise mit dem Gedanken einer aktiven, produktiven Substanz verknüpft und die Gottesidee uminterpretiert und in die Naturkonzeption eingearbeitet. »Die Gottheit«, schreibt Kant, »ist in der Unendlichkeit des

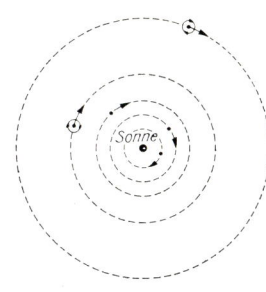

Die Kantsche
Wirbeltheorie

ganzen Weltraumes allenthalben gleich gegenwärtig . . .«
(9, S. 157)

Nachdem Kant seine Auffassung ausführlich begründet
hat, ist seine Polemik gegenüber einer theologischen Deutung der kosmologischen Fragen bestimmter als in der
Vorrede. Gott kommt kaum noch als Schöpfer in Frage —
ist doch mit dem Gedanken des ewigen Entstehens und
Vergehens die Materie als existent und unzerstörbar vorausgesetzt und ihre Bildung aus immanenten Kräften
erklärt.

Tiefe Verachtung spricht aus Kants Worten, wenn er
über unwissenschaftliches, auch theologisches Spekulieren
als über eine »faule Weltweisheit« in diesen Fragen urteilt:
»Ich will endlich aufhören, eine Sache von so überzeugen-
der Deutlichkeit, als die Entwicklung des Weltgebäudes
aus den Kräften der Natur ist, auf mehr Beweistümer zu
gründen. Wenn man imstande ist, bei so vieler Überfüh-
rung unbeweglich zu bleiben, so muß man entweder gar
zu tief in den Fesseln des Vorurteils liegen oder gänzlich
unfähig sein, sich über den Wust hergebrachter Meinungen
zu der Betrachtung der allerreinsten Wahrheit emporzu-
schwingen. Indessen ist zu glauben, daß niemand als die
Blödsinnigen, auf deren Beifall man nicht rechnen darf,
die Richtigkeit dieser Theorie verkennen könnte . . .«
(9, S. 175)

Der Entwicklungsgedanke
»Springpunkt alles ferneren Fortschritts«

Kants Kosmogonie war in erster Linie ein naturphiloso-
phischer, auf dialektische Weise vollzogener Schritt, denn
die naturwissenschaftliche Grundlage einer solchen Hypothese war noch schmal. Engels wertete Kants Schrift als
Beispiel für die Fruchtbarkeit großer weltanschaulicher
Hypothesen für die Naturwissenschaft:

»Hätte die große Mehrzahl der Naturforscher weniger
von dem Abscheu vor dem Denken gehabt, den Newton
mit der Warnung ausspricht: Physik, hüte dich vor der
Metaphysik! — sie hätten aus dieser einen genialen Entdeckung Kants Folgerungen ziehn müssen, die ihnen end-

lose Abwege, unermeßliche Mengen in falschen Richtungen
vergeudeter Zeit und Arbeit ersparte. Denn in Kants Entdeckung lag der Springpunkt alles ferneren Fortschritts.«
(8, S. 316)

In der Tat half Kants Kosmogonie, dem Historismus
auch in anderen Wissenschaftszweigen den Weg zu bahnen;
denn ist einmal vom Entstehen und Vergehen kosmischer
Systeme die Rede, so liegt der Gedanke nahe, auch andere
Naturformen in ihrer Genesis zu untersuchen: vor allem
die Entstehung und Entwicklung der organischen Natur.

Kant konnte freilich keine Lösung anbieten; er hatte
aber einen Blick für das Problem selbst und überschritt
auch in dieser Beziehung zumindest in der Fragestellung
das mechanische Weltbild. Bereits in der Vorrede betonte
er, daß er sich ausschließlich auf das »Einfachste«, die Erklärung kosmischer Phänomene aus mechanischen Gesetzen, beschränken wolle, denn man könne, ausgerüstet mit
Newtons Mechanik, wohl sagen: »Gebet mir Materie, ich
will eine Welt daraus bauen!«

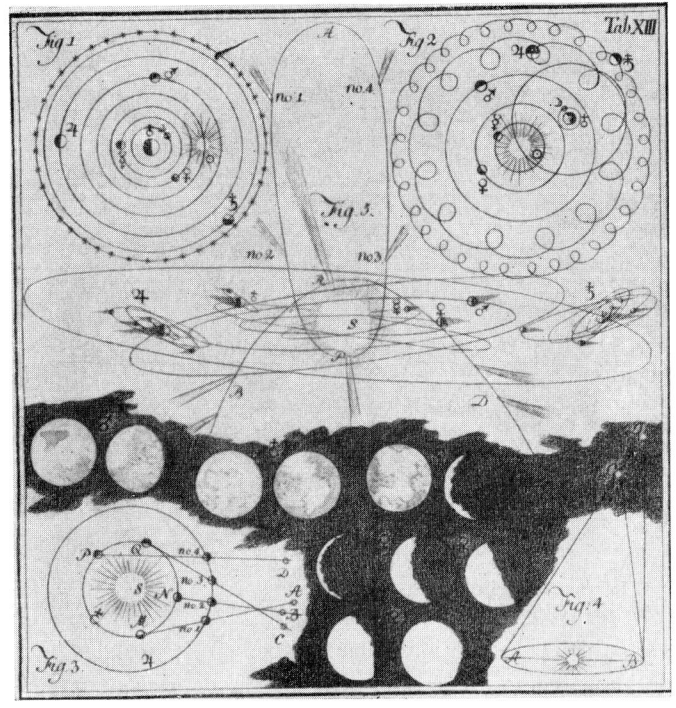

Die zahlreiche
kosmologische Literatur
des 18. Jahrhunderts
zeugt vom Siegeszug
des wissenschaftlichen
Weltbildes. Darstellung
aus »Kosmologische
Unterhaltung für die
Jugend«, 1778

»Kann man aber wohl von den geringsten Pflanzen oder Insect sich solcher Vorteile rühmen? Ist man im stande zu sagen: *Gebt mir Materie, ich will euch zeigen, wie eine Raupe erzeuget werden könne?*« (9, S. 47)

Dieses Problem beschäftigte Kant sein Leben lang. So hat er 1790 in seinem Spätwerk »Kritik der Urteilskraft« geäußert, daß kein einziger Grashalm nach Newtons Mechanik Erklärung finden könne.

Die Frage nach der Entstehung vernünftiger Wesen hat Kant schon 1755 sehr bewegt. Er schließt an seine »Allgemeine Naturgeschichte...« noch einen dritten Teil an, »... welcher einen Versuch einer auf die Analogien der Natur gegründeten Vergleichung zwischen den Einwohnern verschiedener Planeten in sich enthält«.

Kant hielt es für so gut wie gewiß, daß die Mehrzahl der Planeten unseres Systems und auch anderer Sonnensysteme von vernunftbegabten Wesen bewohnt sei. Der Grad der Vernunft dieser Wesen, ihr Verstandesvermögen und vielleicht sogar der Grad ihrer Tugend seien vermutlich von der Feinheit der materiellen Struktur abhängig, die den betreffenden Planeten in Abhängigkeit von seiner Sonnenentfernung auszeichne. Je weiter die Planeten vom Zentrum entfernt ihre Bahn ziehen, um so weniger dicht sei ihre Materie und um so entwickelter seien die dort lebenden vernünftigen Wesen.

Kants Vergleich der Bewohner der verschiedenen Planeten ist freilich höchst spekulativ. Er bleibt hier auch noch ganz dem Mensch-Maschine-Modell seiner Zeit verhaftet, wonach der menschliche Organismus als Mechanismus vorgestellt wird, von dessen Qualität das Psychische als unmittelbar abhängig gedacht wird. Kant gewinnt jedoch mit dieser Auffassung ein neues Argument gegen den Geozentrismus der herrschenden kirchlichen Konfessionen. Nicht genug, daß seit Copernicus, Kepler und Galilei der kosmologische Geozentrismus theoretisch zerschlagen war, auch die Überhöhung der Erdbewohner als angebliche Krone der Schöpfung wird entschieden in Frage gestellt.

Mit dieser Auffassung gerät Kant unweigerlich auch mit anderen kirchlichen Dogmen in Widerspruch, so mit dem Dogma der Unsterblichkeit der Seele und der Belohnung oder Bestrafung der Menschen nach ihrem Tod durch das

Pierre Simon, Marquis
de Laplace (1749—1827).
Stich von Posselwhite.
Er entwickelte unabhängig
und in vielen Fragen
(z. B. Ungleichzeitigkeit
der Planetenentwicklung)
eine von Kant
abweichende Kosmogonie.
Die Bezeichnung »Kant-
Laplacesche-Hypothese«
ist daher nicht exakt

göttliche Gericht. Das Dogma der Unsterblichkeit der Seele
wird zwar von Kant nicht angegriffen; er lehnt aber jegliche Mutmaßung über die Art des Weiterlebens nach dem
Tode ab.

»Es ist uns nicht einmal recht bekannt, was der Mensch
anjetzo wirklich ist, ob uns gleich das Bewußtsein und die
Sinne hievon belehren sollten; wie viel weniger werden
wir erraten können, was er dereinst werden soll!« (9, S. 198)

Die Wirkung der »Allgemeinen Naturgeschichte . . .«
reicht bis in unser Jahrhundert, wenn auch ihr Inhalt erst
zu einem Zeitpunkt ins wissenschaftliche Bewußtsein trat,
als schon durch andere Forscher ähnliche Hypothesen,
unabhängig von Kants Frühwerk, ausgearbeitet worden
waren. 1761 hatte der berühmte Mathematiker und Philosoph Johann Friedrich Lambert (1728—1777), ohne Kants
Schrift zu kennen, in seinen »Kosmologischen Briefen über
die Einrichtung des Weltbaus« ebenfalls den Gedanken
einer systematischen Verfassung des Fixsternhimmels entwickelt. Als Lambert 1763 durch Kants Schrift »Der einzig
mögliche Beweisgrund zu einer Demonstration des Daseins
Gottes« die Ähnlichkeit seiner Hypothese über die syste-
matische Verfassung des Kosmos mit der Auffassung Kants
feststellte, trat er mit Kant in Briefwechsel, um einen Ge-
dankenaustausch auch über philosophische Fragen herbei-
zuführen.

1802 trat Pierre Simon, Marquis de Laplace (1749 bis 1827), in seinem Buch »Exposition du Systeme du monde« mit einer ähnlichen und doch in vielem abweichenden Hypothese wie Kant über die Entstehung des Planetensystems aus rotierenden Nebelmassen hervor und konnte sich dabei bereits auf neue astronomische Daten berufen, die besonders Herschel zusammengetragen hatte. Auch Laplace kannte Kants Schrift nicht. Erst Mitte des 19. Jahrhunderts machten bedeutende Wissenschaftler wie Arago (1786—1853), Alexander von Humboldt (1769—1859) und Helmholtz (1821—1894) auf Kants Leistung aufmerksam.

Wir wissen heute, daß Kants Hypothese, wenn nicht in allen Einzelheiten, so doch im Grundgedanken und in der Einführung des Historismus in die Naturbetrachtung, eine

Ansicht des Milchstraßensystems

(a) »seitlich« und
(b) »von oben«

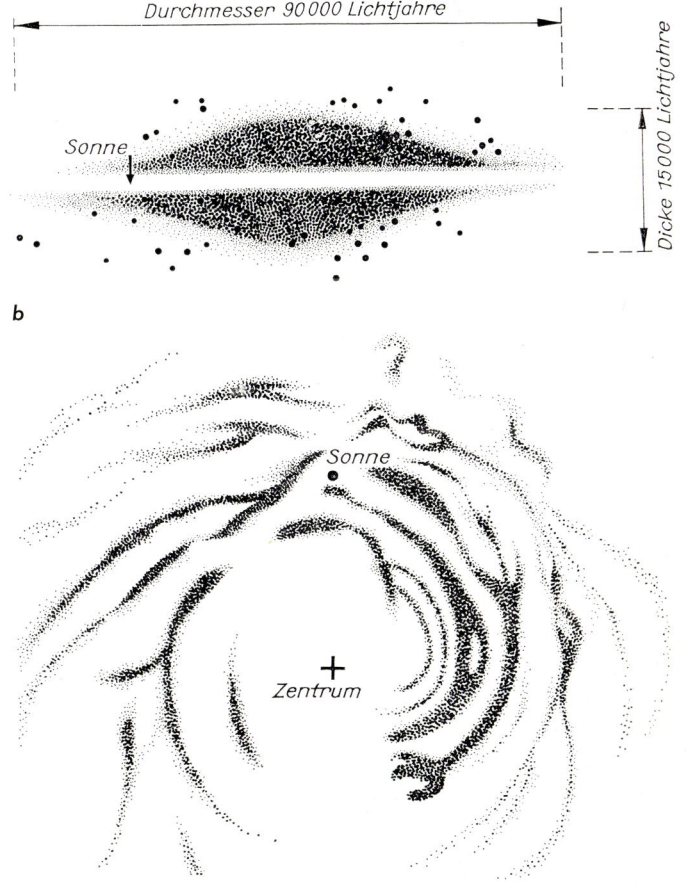

a

Durchmesser 90 000 Lichtjahre

Sonne

Dicke 15 000 Lichtjahre

b

Sonne

Zentrum

richtige Orientierung für die Forschung gab. So widerspricht die erst in unserem Jahrhundert durch moderne Berechnungen und Beobachtungen aufgedeckte Struktur unserer Galaxis als ein riesiger Spiralnebel, der sich um ein Zentrum dreht und der »von der Seite« einer beiderseits gewölbten Konvexlinse gleicht, der Kantschen Hypothese keinesfalls. Man kann auch als gesichert ansehen, daß es viele Planetensysteme wie das unsere gibt, wenn auch die direkte Beobachtung von Planeten weiterer Fixsterne wegen der riesigen Entfernungen und der verhältnismäßigen Kleinheit solcher Himmelskörper im Verhältnis zu ihren Zentralkörpern noch nicht geglückt ist. Es ist auch bekannt, daß es Planetensysteme anderer Struktur geben kann, so die Doppelsterne, die ebenfalls Herschel entdeckt hat.

Kants Gedanken über die Entstehung kosmischer Systeme dienen somit auch heute noch in der Astronomie als hypothetischer Richtpunkt.

Wie in Zukunft auch diese oder jene Frage gelöst werden wird, ob für oder gegen Kants einzelne Lösungsversuche — die große weltanschauliche und wissenschaftlich-orientierende Bedeutung dieser kleinen Schrift kann wohl kaum überschätzt werden.

Beginn der akademischen Laufbahn

KANT begann 1755 seine akademische Laufbahn als Privatdozent. Da sein Name bereits einen guten Klang über die Grenzen Königsbergs hinaus hatte, kamen zu seinen Vorlesungen für die damalige Zeit ungewöhnlich viele Zuhörer, so daß Kant in finanzieller Hinsicht sein (wenn auch oft kärgliches) Auskommen hatte, denn das Einkommen eines Privatdozenten bestand nur aus den Honoraren, die er von seinen Zuhörern bezog. Kant mußte äußerst hart arbeiten, um seine an sich schon recht bescheidene Lebenshaltung zu sichern. Zeitweilig hielt er wöchentlich über zwanzig Vorlesungs- und Disputierstun-

den. In einem Brief an den Rektor der Rigaer Domschule Johann Gotthelf Lindner klagt Kant:

»Ich meinesteils sitze täglich vor dem Amboß meines Lehrpults und führe den schweren Hammer sich selbst ähnlicher Vorlesungen in einerlei Takte fort. Bisweilen reizt mich irgendwo eine Neigung edlerer Art, mich über diese enge Sphäre etwas auszudehnen, allein der Mangel, mit ungestümer Stimme sogleich gegenwärtig mich anzufallen und immer wahrhaftig in seinen Drohungen, treibt mich ohne Verzug zur schweren Arbeit zurück . . .« (10, S. 17)

Kant lebte sehr bescheiden. Unverheiratet geblieben, führte er zu dieser Zeit auch noch keinen eigenen Hausstand. Zu Mittag aß er, wenn er nicht bei Freunden eingeladen war, in einem Gasthaus; oft aber war er ein gern gesehener Gast in angesehenen Häusern der Stadt. Kant soll von Natur aus scheu und zurückhaltend gewesen sein, aber mit zunehmendem Gesichtskreis und sich erweiternden gesellschaftlichen Beziehungen änderte sich das. Die Biographen rühmen übereinstimmend Kants angenehmgesellige Art.

Kants Tagesablauf war zur Zeit seiner Privatdozententätigkeit noch nicht so streng geregelt wie in späteren Jahren. Es ist erstaunlich, daß er dennoch ein enormes Arbeitspensum bewältigte. Ungewöhnlich fleißig, hochintelligent, ja außerordentlich originell in seiner Denkweise, bewegte er sich in seinen Vorlesungen ebenso wie in seinen Publikationen auf vielen Wissensgebieten und wertete alle ihm zugängliche Literatur dieser Bereiche aus. Kant hielt Vorlesungen auf den Gebieten Philosophie, Mathematik, Astronomie, physische Geographie, empirische Psychologie und Anthropologie, die in den sechziger und siebziger Jahren zunehmend Geschichtsphilosophie einschloß.

Die Biographen Borowski und Jachmann schildern seine Vorlesungen als vorzüglich und frei gehalten. Die Kompendien — vom Unterrichtsministerium vorgeschriebene Lehrausarbeitung — dienten Kant im wesentlichen nur zur äußeren Anordnung des Stoffes. Der absolutistische Staat versuchte mit der Vorschrift solcher Kompendien der zunehmenden »Freigeisterei« und bürgerlichen Aufklärungsbewegung an den Universitäten Herr zu werden.

Seinem hochverehrten Lehrer Knutzen folgend, sah Kant die Erziehung seiner Zuhörer zu selbständigen Denkern als eine Hauptaufgabe an. Eine seiner Lieblingsmaximen, oft in Vorlesungen wiederholt und ausdrücklich auf den Vorbereitungszetteln notiert, lautete: Er wolle keine Philosophie (d. h. kein fertiges dogmatisches System), sondern philosophieren lehren.

Ein besonders eindrucksvolles Zeugnis von der bürgerlich-humanistischen Wirkung der Kantschen Lehrtätigkeit und auch seiner Werke stellt Johann Gottfried Herder dem Philosophen aus.

Herder hat von 1762—1764 in Königsberg studiert und gehörte zu den eifrigsten Zuhörern »des kleinen Magisters«, wie Kant allgemein genannt wurde. Er schloß sich freilich später einer von Spinoza beeinflußten pantheistischen Richtung des Philosophierens und nicht der Kantschen Transzendentalphilosophie an.

Herder beschrieb in seinen »Charakterbildern« (enthalten in den »Briefen zur Beförderung der Humanität« 1793 bis 1794) Immanuel Kant als eine wahrhaft humanistisch gesinnte Persönlichkeit:

»Mit dankbarer Freude erinnere ich mich aus meinen Jugendjahren der Bekanntschaft und des Unterrichts eines Philosophen, der mir ein wahrer Lehrer der Humanität war. Damals in seinen blühendsten Jahren hatte er die fröh-

Johann Gottfried Herder
(1744—1803).
Gemälde von A. Graff

liche Munterkeit eines Jünglings, die, wie ich glaube, ihn
in sein greisestes Alter begleiten wird. Seine offene, zum
Denken gebauete Stirn war der Sitz der Heiterkeit, und die
gedankenreichste, angenehmste Rede floß von seinem ge-
sprächigen Munde. Scherze, Witz und Laune standen ihm
zu Gebot, immer aber zu rechter Zeit und also, daß, wenn
jedermann lachte, er dabei ernst blieb. Sein öffentlicher
Vortrag war ein unterhaltender Umgang; er sprach über
seinen Autor, dachte aus sich selbst, oft über ihn hinaus . . .
Seine Philosophie weckte das eigne Denken auf, und
ich kann mir beinah nichts Erleseneres und Wirksameres
hierzu vorstellen, als sein Vortrag war . . . Naturgeschichte
und Naturlehre, Menschen- und Völkergeschichte, Mathematik und Erfahrung waren seine Lieblingsquellen des
menschlichen Wissens, aus denen er schöpfte, aus denen
er alles belebte. Auf sie wies er zurück; seine Seele lebte
in der Gesellschaft . . .« (3, S. 267 f.)
Herders Eindruck ist gewiß auch deshalb so tiefgehend,
weil er Kant am Beginn seiner wohl interessantesten Entwicklungsphase kennenlernte, denn Kant begann damals
gerade eigene und neue Wege in der Philosophie zu suchen.
Ihn bewegten zunehmend Probleme weltanschaulicher Art,
die er in seinen späteren Werken »Kritik der reinen Vernunft« (1781), »Kritik der praktischen Vernunft« (1788)

Emanuel Swedenborg
(1688—1772).
Gemälde von
P. Krafft d. Ä.

und anderen Schriften zu beantworten suchte. Aufgrund
seines Prinzips, nur gesichertes, durch Erfahrungen und
den vorliegenden bestätigtes theoretisches Wissenschafts-
stand gestütztes Wissen anzuerkennen, wandte sich Kant
nun nicht mehr nur vorwiegend im naturwissenschaftlichen
Bereich, sondern mehr und mehr auf ausgesprochen philosophischen Gebieten gegen haltlose Spekulationen. Er begann sich zunehmend mit Problemen auseinanderzusetzen,
wie: Was ist der Mensch? Worin besteht unser Vernunftvermögen, und wie kann es uns im Erkenntnisprozeß und
im praktischen Leben leiten?

Angesichts einer seltsamen Gestalt jener Zeit ergriff Kant
die Gelegenheit, sich mit Spekulationen über die Seele in
einer ausgesprochen witzig-satirischen Form auseinanderzusetzen. Damals machte ein Mann, der schwedische My-
stiker und Spiritualist Emanuel Swedenborg (1688—1772),
von sich reden, indem er vorgab, mit der Geisterwelt in
geheimer Verbindung zu stehen. Kant hatte, da ihn solche
Seltsamkeiten immer, wenn auch aus wissenschaftlichen
Gründen, interessierten, einige Nachrichten über Swedenborg gesammelt. Er hatte sogar an den Geisterseher geschrieben, aber dieser, anstatt auf Kants Fragen zu antworten, vertröstete ihn auf sein großes Werk »Arcana coe-
lestia« (Geheimnisse des Himmels). Kant ließ es sich für

die horrende Summe von sieben Pfund Sterling aus London (dem Druckort) kommen und unterzog sich der Mühe, das umfangreiche Opus zu lesen. Er mußte jedoch feststellen, daß es sich um acht Quartbände »voll Unsinn« handele und machte aus seinem Ärger das Beste, was er machen konnte: er verfaßte die Schrift »Träume eines Geistersehers, erläutert durch Träume der Metaphysik«, die 1766 anonym in Königsberg erschien und wegen ihrer leichten, humorvollen und zugleich satirisch zugespitzten Schreibweise Aufsehen erregte und in dieser Beziehung den Schriften Voltaires gleichgestellt wurde.

Kant verwies den Geisterseher in die Reihe der »Erzphantasten« und Geisteskranken, denn nur bei diesen könne es vorkommen, daß sie die Produkte ihrer Einbildungen für existent halten, indem sie sie außerhalb ihres Ich versetzen.

Aber Kant beabsichtigte mit seiner Auseinandersetzung nicht nur die Entlarvung eines kranken Kopfes, sondern richtete seine Kritik auch an die Adresse spekulativer Philosophie, in der er eine Analogie zur Geisterseherei sah, da sie wie Swedenborg mit nicht haltbaren Argumenten die Gefilde der rationalen Seelenlehre und Theologie zu bereisen pflegte. So war z. B. die zu Kants Zeiten an den Universitäten stark vertretene Wolffsche Metaphysik nicht frei von solchen Spekulationen. Die Philosophen sollten doch besser ein bescheidenes Mißtrauen an den Tag legen und einsehen, daß es viele Dinge gebe, von denen wir nichts wissen.

Hier kündigt sich schon die spätere kritizistische (auf eine Kritik des Vernunftvermögens orientierte) Haltung Kants an: »Insofern ist die Metaphysik eine Wissenschaft von den Grenzen der menschlichen Vernunft...« (11, S. 340)

Eine entscheidende Zwischenstufe dieser gedanklichen Entwicklung kennzeichnet die Schrift »De mundi sensibilis atque intelligibilis forma at principiis« (Von der Form der Sinnes- und Verstandeswelt und ihren Gründen) aus dem Jahre 1770.

Politischer Standpunkt
und Neuorientierung des Philosophierens

ANT befindet sich auf dem Weg zur »Kritik der reinen Vernunft«. Er will damit den Grundstein legen, um in einem philosophischen System Leistungsvermögen und Grenzen der erkennenden Vernunft (Metaphysik der Natur) und der moralischen Prinzipien der praktischen (handelnden) Vernunft (Metaphysik der Sitten) darzustellen.

Um Kants philosophische Entwicklung voll zu begreifen, ist es zunächst unerläßlich, das entscheidende ideologische Anliegen seiner Philosophie zu erkennen, denn Kants Philosophie ist wie jede Philosophie die Quintessenz ihrer Zeit. Kants Begründung der Philosophie als Philosophie der menschlichen Vernunft reiht sich in die deutschen bürgerlichen Aufklärungsbestrebungen ein und versteht sich auch ausdrücklich als Vollendung der Aufklärung.

Die klassische deutsche Philosophie beginnt mit dem Werk Immanuel Kants in einer Phase der bürgerlichen Ideologieentwicklung, in der bestimmte Fragestellungen, die für das revolutionäre Anliegen des aufstrebenden Bürgertums, besonders in Frankreich, aber auch in Deutschland und anderen Ländern, von Bedeutung waren, weiterer theoretischer Bearbeitung bedurften. Ein zentrales weltanschauliches Problem war die weitere theoretische Begründung der bürgerlichen Auffassung vom Menschen, seiner Stellung in der Gesellschaft und in der Geschichte. Begrifflich stellte sich dieses Problem auch als Frage nach dem Verhältnis von Gesetzmäßigkeit und Handlungsmöglichkeit, von Notwendigkeit und Freiheit dar. Kants spezifische Theorie der menschlichen Vernunft ist letztlich als ein Beitrag zur Lösung dieser Fragen zu verstehen, und zwar in einer Entwicklungsphase, da bereits an wesentliche Resultate der bürgerlichen Philosophie in Frankreich und England angeknüpft werden konnte — allerdings, wie wir sehen werden, in einer für Deutschlands Bourgeoisie wiederum typischen Weise!

Als 1781 Kants »Kritik der reinen Vernunft« erschien, lagen die wichtigsten Werke der französischen Materialisten und Atheisten des 18. Jahrhunderts bereits vor. Die französische »Enzyklopädie der Wissenschaften, Künste und Handwerke« erschien bereits ab 1751 und war Kant zumindest in Teilen vertraut — forderte er doch 1759 seinen Freund Hamann (1730—1788) zur Übersetzung einiger Abschnitte auf. (10, S. 7) Des englischen Materialisten Locke sensualistische Erkenntnistheorie und Leibniz' Ent-

Titelblatt des 1751 erschienenen 1. Bandes der »Enzyklopädie der Wissenschaften, Künste und Handwerke«, herausgegeben von Diderot und D'Alembert. Bis 1772 erschienen 17 Textbände und 11 Bände Abbildungen

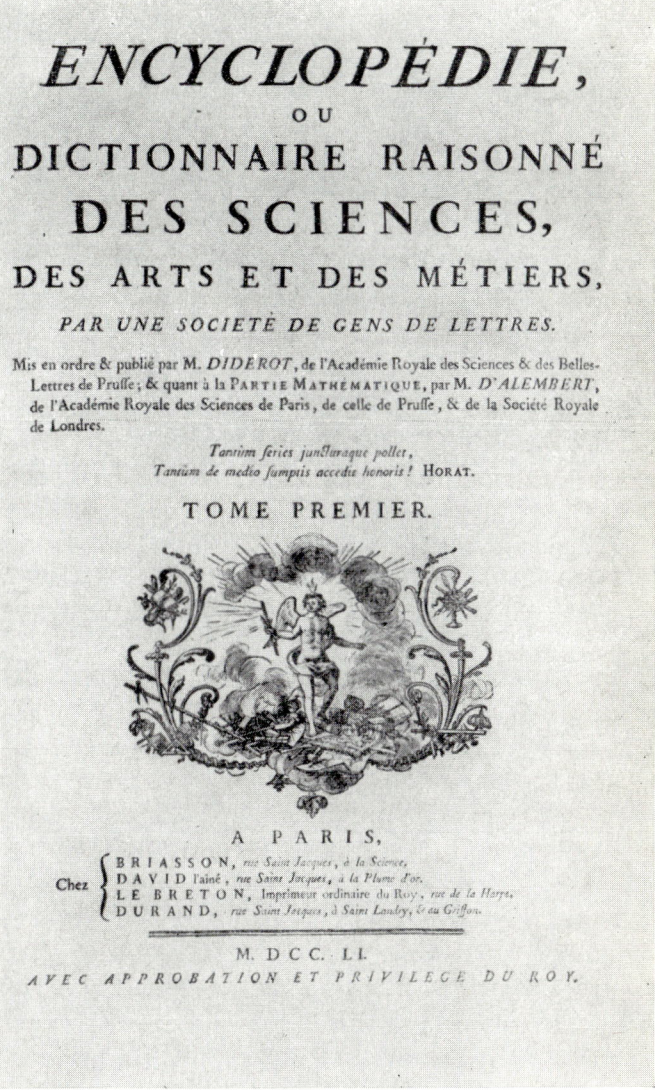

gegnung zu John Locke (1632—1704) in den »Neuen Abhandlungen über den menschlichen Verstand« hat er in
der zweiten Hälfte der sechziger Jahre gelesen. Von David
Hume (1711—1776) behauptet Kant, er sei der erste gewesen, der ihn aus seinem »dogmatischen Schlummer« geweckt habe, und Jean-Jacques Rousseau bezeichnet er als
denjenigen, der ihm einen Begriff von der Würde des Menschen vermittelt habe.

Titelblatt der Erstausgabe
des 1762 erschienenen
»Émile« von Rousseau

ÉMILE,

OU

DE L'ÉDUCATION.

Par J. J. ROUSSEAU,
Citoyen de Genève.

Sanabilibus ægrotamus malis ; ipſaque nos in rectum
genitos natura, ſi emendari velimus, juvat.
Sen : de irâ. L. II. c. 13.

TOME PREMIER.

A AMSTERDAM,
Chez JEAN NÉAULME, Libraire.

M. DCC. LXII.
Avec Privilége de Noſſeign. les Etats de Hollande
& de Weſtfriſe.

Johann Georg Hamann
(1730—1788) war mit
Kant, später jedoch
enger mit Herder
befreundet. Er orientierte
auf die Schöpferkraft der
Kunst und des Gefühls

Vor Beginn der Arbeit an der »Kritik der reinen Vernunft« war Kant schon vertraut mit Rousseaus Schriften zur Naturrechts- und Gesellschaftsvertragslehre. Rousseaus Erziehungsroman »Émile« las Kant mit Begeisterung und vergaß darüber selbst seinen Spaziergang. Der Einfluß Rousseaus trug wesentlich dazu bei, daß Kant seine philosophischen Überlegungen umzuorientieren begann und daß er sich verstärkt mit Fragen des Rechtes und der Würde des Menschen, den Möglichkeiten seiner Freiheit und damit seiner gesellschaftlichen und geschichtlichen Stellung befaßte. Es ist ein Selbstzeugnis dieser neuen Sicht in den Randbemerkungen seines Handexemplars der kleinen Schrift »Beobachtungen über das Gefühl des Schönen und Erhabenen« (1764) überliefert: »Ich bin selbst aus Neigung ein Forscher. Ich fühle den ganzen Durst nach Erkenntnis u. die begierige Unruhe darin weiter zu kommen . . . Es war eine Zeit da ich glaubte dieses allein könnte die Ehre der Menschheit machen u. ich verachtete den Pöbel der von nichts weis. Rousseau hat mich zurechtgebracht. Dieser verblendete Vorzug verschwindet; ich lerne die Menschen ehren u. würde mich unnützer finden wie den gemeinen Arbeiter wenn ich nicht glaubete daß diese Betrachtung allen übrigen einen Werth ertheilen könne, die rechte der Menschheit herzustellen.« (12, S. 44)

Diese Bemerkung ist nicht nur ein gelegentliches Bekenntnis zu den humanistischen Ideen des großen Genfer Republikaners und Aufklärers. Kant hat in Rousseau auch nicht nur den bedeutenden Moralisten und Pädagogen gesehen, wie viele französische Zeitgenossen. Er erkannte und würdigte in ihm den hervorragenden Geschichtsphilosophen. Von ihm empfängt er wesentliche Impulse, um seine eigenen Vorstellungen vom Wesen des Menschen und vom Gang der Geschichte ausarbeiten zu können. Philosophie ist für Kant in zunehmendem Maße »Menschenkenntnis«. So notiert Kant bereits 1764/65 unter dem Eindruck Rousseauscher Werke: »Wenn es irgend eine Wissenschaft gibt, deren der Mensch bedarf, so ist es die . . . aus der er lernen kan was man seyn muß um ein Mensch zu seyn . . .« (8, S. 45) Diese Überlegung führt in den folgenden Jahren zur Unterscheidung von bloßer Gelehrsamkeit einerseits und Philosophie andererseits:

»Weisheit ist die Beziehung zu den wesentlichen Zweken der Menschen. Daher Bestimmung des Menschen nach Verstand und Willen. Der Naturkundige ist kein philosoph.« (14, S. 66)

Rousseaus Einfluß konnte freilich nur deshalb so nachhaltig sein, weil die Ideen des großen Aufklärers Kants eigenen politischen Beobachtungen der Zeit entsprachen. Kant begann sich intensiv mit politischen Zeitfragen zu befassen.

Besonders Englands Entwicklung verfolgte Kant mit großer Aufmerksamkeit, denn das Land ist für ihn der erste große Staat, der das »System der bürgerlichen Verfassung« repräsentiert. Von Englands Haltung während der amerikanischen Unabhängigkeitskriege war er schockiert und zutiefst enttäuscht. Wie den bürgerlich-progressiven Kräften Frankreichs war auch ihm der Kampf der amerikanischen Bevölkerung gegen das englische Kolonialjoch, der zugleich ein Kampf um die Durchsetzung einer konsequenten politischen Macht des amerikanischen Bürgertums (im Unterschied zur englischen konstitutionellen Monarchie) war, der Ausdruck eines neuen Zeitgeistes und ein Vorbild für Europa. »In der Geschichte Englands ietziger Zeit bringt ihre Unterwerfung von america das cosmopo-

Unabhängigkeitskrieg
der Vereinigten Staaten
von Amerika.
Kapitulation der
englischen Armee
am 7. Oktober 1777
bei Saratoga.
Radierung von
F. Godefroy

litische Andenken derselben weit zurük. Sie wollen: iene
sollen Unterthanen von Unterthanen werden und auf sich
die Last der andern abwaltzen lassen.« (13, S. 630) Diese
Zeilen hat Kant wahrscheinlich vor dem Sieg der Ameri-
kaner bei Saratoga am 7. Oktober 1777 geschrieben.

Kant vertrat den Standpunkt, daß jedes Volk ein Recht
auf Selbstbestimmung habe. In seinen anthropologischen
Vorlesungen, die auch geschichtsphilosophische Vorlesungen einschlossen, nahm das Problem der Unrechtmäßigkeit
von Eroberungs- und Unterdrückungskriegen einen verhältnismäßig breiten Raum ein. Kriege waren für ihn Ausdruck eines noch barbarischen Zustandes der Menschheit.
»Wir sind in Ansehung des Völkerrechts noch barbaren«,
schrieb er (13, S. 634).

Die Verherrlichung kriegerischer Tugenden in den Vorstellungen der Fürsten und in der öffentlichen Meinung
war ihm Ausdruck der Unmoral und Unreife des Gesell-
schaftszustandes. Seine eigene Position bezeichnete Kant
als »Kosmopolitismus« (Weltbürgertum).

Es liegt auf der Hand, daß Kant damit die Erfahrungen

des Bürgertums im damaligen Preußen angesichts der feudalabsolutistischen Kriege und der Militarisierung des Landes unter Friedrich II. zum Ausdruck brachte. Erst 1763 war zu Hubertusburg durch einen Friedensvertrag zwischen Preußen, Sachsen und Österreich der Siebenjährige Krieg beendet worden, den Friedrich II. angeblich als Präventivkrieg zum Schutze des 1745 von Österreich geraubten Schlesiens im August 1756 durch den Überfall auf Sachsen begonnen hatte. Insgeheim rechnete Friedrich aber auch mit einer Eroberung Sachsens. Sieben Jahre lang verwüstete dieser Krieg, von Preußen mit wechselndem Erfolg geführt, große Teile des deutschen Territoriums.

Das gesamte 18. Jahrhundert hindurch arbeitete das Haus Hohenzollern an der Errichtung und Festigung eines militaristischen, durch einen stark zentralisierten bürokratischen Staatsapparat gestützten Despotismus, dessen Innenpolitik auf die Konservierung feudaler Verhältnisse gerichtet war und der der kapitalistischen Entwicklung wenig Spielraum bot. Der Absolutismus trug auch in Preußen von vornherein antinationalen Charakter; seine gesamte Außenpolitik war auf Eroberung zugunsten des eigenen Herrscherhauses gerichtet. Zur Festigung der Macht nach innen stützten sich Preußens Könige ebenfalls auf ein stehendes Heer, das sie ausbauten und besonders nach den blutigen Kriegen immer wieder zu rekrutieren suchten. Dies konnte natürlich nur auf Kosten der Bevölkerung geschehen, besonders der Bauern, die hohe Abgaben zahlen mußten, die Masse der Soldaten stellten und zum großen Teil in Leibeigenschaft lebten.

So fiel übrigens auch die (durch Knutzens Tod 1751 freigewordene) Professur für Mathematik und Philosophie, auf die sich Kant berechtigte Hoffnung gemacht hatte, einer Mittelkürzung zum Opfer. Die Regierung hatte den Beschluß gefaßt, die Extraordinariate (außerordentliche Professuren) nicht mehr zu besetzen.

In Übereinstimmung mit den fortgeschrittensten Vertretern der Bourgeoisie in Deutschland und Frankreich ist Kant der Überzeugung, daß der feudale absolutistische Despotismus eine barbarische, unvernünftige, durch Lakaientum und eine schmarotzende privilegierte Gesellschaftsschicht gestützte Regierung ist. Dieser Zustand könne nur dort eintreten, wo die Untertanen den Gebrauch der Vernunft nicht gelernt haben und sich als »Unmündige« verhalten, nicht aber als Staatsbürger. Die Monarchen fördern und nutzen den Zustand der Unmündigkeit bewußt: »despoten tractieren das Volk als unmündig,« (15, S. 229) notiert Kant und definiert: »Der despotism ist ein Zwang, die unterthanen aller eignen Wahl und Urtheils zu überheben. Ein despot, der seine Unterthanen glüklich macht, macht sie blos nach seinem eignen Geschmak glüklich, ohne den ihrigen zu Rathe zu ziehen.« (13, S. 633)

Wie viele deutsche Bürger zunächst beeindruckt vom »aufgeklärten« Absolutismus Friedrich II., hielt Kant ein aufgeklärtes Fürstentum für einen möglichen Weg zu einem vernünftigen, durch das Recht geregelten Gesellschaftszustand, zumindest als mögliche Übergangsphase. Kant war in seinen Äußerungen über die preußische Monarchie außerordentlich vorsichtig — ja oftmals unterwürfig. Er hielt es für Untertanenpflicht, die Gesetze des bestehenden Staates, selbst die Weisungen eines absoluten Fürsten strikt einzuhalten und sah den Ausweg im ruhigen Fortgang der Vernunft vermittels Aufklärung. Man kann aber nicht übersehen, daß Kants Haltung zur Regierung Friedrich II. wohl doch recht kritisch war.

Siebenjähriger Krieg (1756—1763).
Die Schlacht bei Liegnitz am 15. August 1760.
Stich von G. Stettner

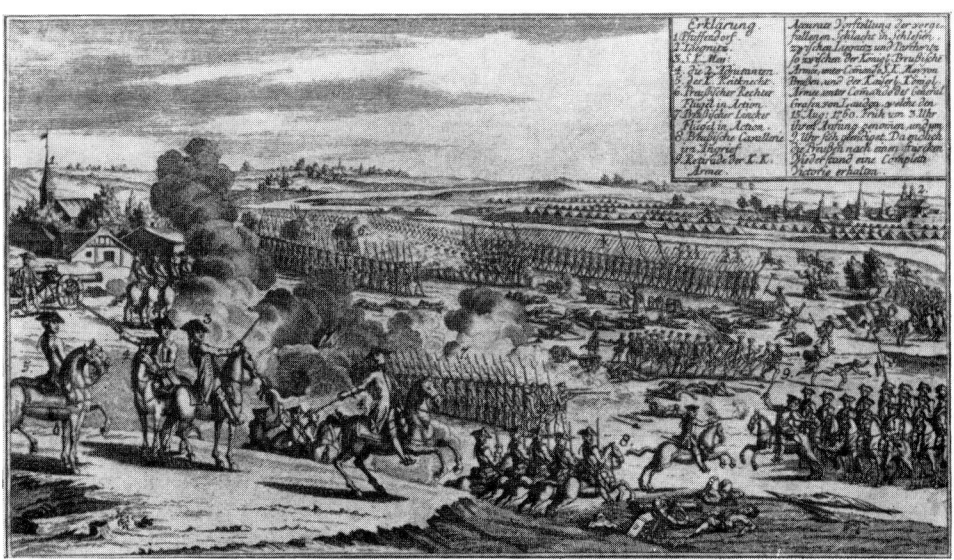

In seinen Notizen zum Despotismus wird die Haltung der Fürsten Europas durchweg verurteilt, und Kant sieht kein Beispiel einer rechtlichen Regierungsweise.

»Sind unsere Zeiten nicht noch eben so mit barbarey angestekt (wie die Zeiten des Altertums, Homers — M. Th.). Die Ehre der Fürsten wird in ihrem Heldengeist gepriesen . . . Man rechnet einem ganzen Staat, wenn er sich nur vergrößern kan, die Ungerechtigkeit vor keinem Schimpf an. Man glaubt, der selbst gesetze giebt, sey an kein Gesetz gebunden . . . Die Fürsten haben keinen Begriff von Rechten, die ihnen im wege stehen, sondern reden höchstens von Gütigkeit.« (13, S. 610)

Friedrich II., begleitet von den Prinzen des Hauses Hohenzollern und seinen Generalen, kehrt vom Manöver bei Potsdam nach Sanssouci zurück. Stich von Clemens und Richter

Geschichte als widersprüchlicher
Entwicklungsprozeß

DIESE politische und ideologische Atmosphäre war der Hintergrund für das Reifen der eigenen philosophischen Gedankenwelt Kants, die vor allem durch drei Problemkreise vorbereitet wird: durch die Erarbeitung einer eigenen Geschichtsphilosophie, einer eigenen Moralphilosophie und durch erkenntnistheoretische Fragen, die in diesem Zusammenhang und zugleich unter Verallgemeinerung der Wissenschaftsentwicklung jener Zeit angeregt wurden.

Kant hat seine Geschichtsphilosophie bereits parallel zur Arbeit an der »Kritik der reinen Vernunft« in den Vorarbeiten zu den Anthropologie-Vorlesungen der siebziger Jahre in Grundzügen entworfen und sie später in einigen kleineren Schriften weiter präzisiert und publiziert, so u. a. in der »Idee zu einer allgemeinen Geschichte in weltbürgerlicher Absicht« (1784), in zwei Rezensionen zu Herders »Ideen zur Philosophie der Geschichte der Menschheit« (1785) und in der Schrift »Mutmaßlicher Anfang der Menschengeschichte« (1786). Geschichtsphilosophische Erörterungen finden wir bei Kant auch in einigen Spätwerken.

Kants Geschichtsphilosophie ist für das Verständnis seines Begriffes vom »vernünftigen Subjekt«, wie er der Erkenntnistheorie (»Kritik der reinen Vernunft«) und ebenfalls der Ethik (»Kritik der praktischen Vernunft«) zugrunde liegt, von erheblicher Bedeutung, denn in ihr wird jener Dualismus begründet, der seine Auffassung vom Menschen charakterisiert. Dualistisch ist Kants Menschenbild deshalb, weil er meint, der Mensch sei in zwei Welten angesiedelt: Einerseits ist er Vernunftwesen und damit frei, souverän in der Bestimmung seiner Handlungen. Er entscheidet selbst über sein Verhalten und seine Taten, sollte sich aber letztlich von den Prinzipien der Moral (des Guten) leiten lassen: von der Achtung vor dem eigenen Menschsein und der Würde jedes anderen Mitgliedes der Gesellschaft. Insofern ist der Mensch ein »intelligibles« (vernunftbegabtes) Wesen und voll für seine Taten verantwortlich. Zugleich aber gehört er der konkreten »empirischen« Wirklichkeit

Jean Jacques Rousseau
(1712–1778).
Gemälde von Latour.
Kant bezeichnete ihn als
einen der bedeutendsten
Humanisten und Denker.
In seiner Geschichts-
philosophie führt er
Rousseaus Gedanken
weiter

an, ist von Natur aus selbst »empirisches« Wesen und den
streng determinierenden Naturgesetzen, der Naturkausalität, unterworfen, die in der außergesellschaftlichen Natur
und als gesellschaftliche Gesetze gleichermaßen wirken.

Kant nahm in seiner Geschichtsphilosophie zum Stand
der Diskussion um das Problem der Notwendigkeit und
Freiheit Stellung, wie es vor allem in der französischen
Aufklärung vorlag.

Die französischen Materialisten verstanden unter der
Freiheit in erster Linie die Einsicht in die Naturnotwendigkeit, wozu auch die Erkenntnis der natürlichen Anlagen
und Rechte der Menschen gehört. Sie erhoben die Forderung nach Überwindung der »widernatürlichen« feudalen
Ordnung vermittels eines neuen Gesellschaftsvertrages auf
freiwilliger und gleichberechtigter Grundlage aller Gesellschaftsmitglieder und proklamierten auf diese Weise ein
»Reich der Vernunft«.

Kant konnte die Ableitung der Freiheit aus der Naturnotwendigkeit nicht befriedigen. Ihm ging es um die selbst-
bewußte und autonome Tat der Menschen, die nach seiner
Auffassung nicht von der Naturnotwendigkeit abhängen
kann, zumal die Naturnotwendigkeit weitgehend mecha-
nisch aufgefaßt wurde. In der Tat standen sich in den Auffassungen der französischen Aufklärer und Materialisten

Milieuauffassung (die Lehre von der Macht der Umstände, die das Handeln der Menschen wesentlich bestimmen) einerseits und die Forderung nach freier, bewußter Tat zum Sturz der alten und zur Gründung einer neuen Gesellschaft durch allgemeinen Vertrag der Gesellschaftsmitglieder andererseits unvermittelt gegenüber. In Frankreich wurde die Frage praktisch gelöst — durch die Revolution von 1789. In Deutschland war aufgrund der gesellschaftlichen Verhältnisse an Revolution nicht zu denken. Nichtsdestoweniger wurde das Problem theoretisch weitergetrieben, war es doch ein echtes Anliegen der aufstrebenden Bourgeoisie, die Möglichkeit einer gesellschaftsverändernden Freiheitstat zu begründen.

Mit der Konstruktion einer »intelligiblen« Welt, einer »reinen Vernunft«, wollte Kant das Prinzip des Selbstbewußtseins und der Entscheidungsfreiheit des Menschen proklamieren. Zugleich versuchte er aber, den Geschichtsverlauf als Wechselbeziehung von Notwendigkeit und Freiheit zu erfassen, indem er eine Vermittlung beider Sphären darstellt: Die Naturgesetze zwingen den Menschen zur Tätigkeit und damit zum Erlernen des Vernunftgebrauchs, d. h., zur Moralisierung und Humanisierung. In der parallel erarbeiteten, wenn auch noch nicht publizierten moralphilosophischen Auffassung wird das Problem der Selbst-

Unterdrückung des Volkes durch Adel und Geistlichkeit in Frankreich. Radierung 1789

gesetzgebungsfähigkeit (Autonomie) der Vernunft schritt-
weise durchdacht und ab Mitte der sechziger Jahre immer
präziser erfaßt.

Kant war zutiefst vom gesetzmäßigen Fortschreiten der
Menschheit vom Niederen zum Höheren überzeugt. Die
Wirkungsweise der Naturkausalität (die hier als gesellschaftliche Gesetzmäßigkeit verstanden wird) ist Ausdruck
der »Absicht der Natur«, daß das Menschengeschlecht sich
insgesamt weiterentwickele. Naturabsicht und Vernunft der
Menschen wirken so in einheitlicher Richtung, vermittelt
durch die Tätigkeit der Menschen, denn die Natur zwingt
den Menschen, ein arbeitsames, die bisherigen Mißstände

»Der Königskuchen«.
Satire auf die 1. Teilung
Polens unter
Österreich, Preußen und
Rußland 1772.
Stich von Lemire.
Derartige historische
Erfahrungen
verallgemeinerte Kant
in seinem Begriff des
Antagonismus

Hochzeit auf Otaheite
(Tahiti).
Stich von Chodowiecki.
Die Insel wurde 1767
entdeckt und galt in
den Reisebeschreibungen
als Paradies. Kant
erwähnt sie in seinen
Vorlesungen als
warnendes Beispiel:
»Der Mensch hat so einen
Trieb sich zu
perfektionieren, daß der
sogar ein Volk für
überflüssig hält und
glaubt, die Welt würde
nichts verlieren, wenn
auch Otaheite unterginge«

der Gesellschaft ständig überwindendes Leben zu führen.
So schreite die Menschheit von einem ersten, barbarischen
Zustand durch eigenes tätiges Verhalten zu immer höherer
Moralität und damit Freiheit fort. In diesem Prozeß entwickeln sich alle »Naturanlagen« der Menschheit (worunter
Kant auch Moralität, Vernunft verstand) vollständig —
wenn auch nicht im Individuum, so doch im unendlichen
Progreß der Gattung. Rousseaus Idylle eines Naturzustan-
des der Menschen, wo diese, den Tieren gleich, glücklich in
den Wäldern leben, vertritt Kant nicht. Der Mensch muß
zwingende Bedürfnisse empfinden, sich sein Leben er-
kämpfen, um sich entwickeln zu können. Auch Rousseaus
Vorstellung von der ursprünglichen Vereinzelung des
»glücklichen Wilden« im Naturzustand teilt Kant nicht.
Meinte Rousseau bei der Erklärung der Eigentums- und
Staatsentstehung:
»Der Mensch wurde böse, als er gesellig wurde ...«
(16, S. 84) — so vertritt Kant die Ansicht, daß der Mensch
gar nicht anders als in Gesellschaft leben kann. Freilich sei
die Natur des Menschen gekennzeichnet durch einen Zug

von »ungeselliger Geselligkeit«, d. h. durch den Widerstreit, einerseits sich vergesellschaften zu wollen — andererseits durch den Hang zur Vereinzelung. Dieser Widerstreit ist jedoch notwendige Triebkraft der Geschichte. Er erzeugt den Antagonismus der Geschichte, die negativen Züge gesellschaftlichen Fortschritts, wie Kriege, staatlichen Zwang, egoistisches Verhalten usw., die jedoch insgesamt nur Mittel der Natur sind, um die Vernunft der Menschen anzuregen und diese den Vernunftgebrauch zu lehren, damit sie aus den barbarischen Zuständen bisheriger geschichtlicher Epochen heraustreten und die »bürgerliche Gesellschaft« stiften. »Ohne jene, an sich zwar eben nicht liebenswürdige Eigenschaften der Ungeselligkeit... würden in einem arkadischen Schäferleben bei vollkommener Eintracht, Genügsamkeit und Wechselliebe alle Talente auf ewig in ihren Keimen verborgen bleiben... Der Mensch will Eintracht; aber die Natur weiß besser, was für seine Gattung gut ist: sie will Zwietracht.« (17, S. 21)

Das größte Problem: »Stiftung einer bürgerlichen Gesellschaft«

D IE durch Gesellschaftsvertrag zu stiftende bürgerliche Gesellschaft nennt Kant in den siebziger Jahren »Demokratie«, später, unter dem Einfluß der Französischen Revolution, spricht er vom »Republikanismus« als Prinzip zur vernünftigen gesellschaftlichen Ordnung. Sie ist ihm aber jederzeit der freiwillige Bund gleicher und freier Individuen, der durch Moralisierung der Gesellschaft seinen inneren Halt bekommt. Da aber Kant sah, daß Freiheit und Gleichheit aller und damit eine »vollkommen gerechte bürgerliche Verfassung« niemals absolut zu realisieren seien, hielt er den Republikanismus für ein Ideal, dem die Entwicklung im unendlichen Prozeß zustrebt, ohne je das Ziel absolut zu erreichen. Die Einrichtung einer durch Rechtsprinzipien verwalteten bürgerlichen Gesellschaft hielt Kant für das größte Problem, zu dessen Lösung die Natur den Menschen zwinge. Das gesellig-ungesellige Wesen der Menschen führe immer wieder die Gefahr von Unrecht und Machtmißbrauch durch einzelne mit sich, denn es könne kein Mensch »absolut gerecht« sein. Das Problem wird von Kant bereits in den Anthropologie-Vorlesungen Mitte der siebziger Jahre diskutiert.

Er übernimmt von Rousseau die Frage, durch welche unparteiische Autorität die Einhaltung eines vernünftigen Gesellschaftsvertrages überwacht werden könne.

Kant verlegte die Lösung dieser Frage in den unendlichen Progreß der Geschichte. 1784 präzisiert er in der »Idee zu einer allgemeinen Geschichte in weltbürgerlicher Absicht« seine Auffassung folgendermaßen:

»Fünfter Satz: *Das größte Problem für die Menschengattung, zu dessen Auflösung die Natur ihn zwingt, ist die Erreichung einer allgemein das Recht verwaltenden bürgerlichen Gesellschaft...*« (17, S. 22)

Dieses Problem, meint Kant, sei zugleich das schwerste, denn der Mensch sei ein Tier, das, wenn es mit anderen zusammenlebt, einen Herrn nötig habe: jeder werde nach seinem Vorteil streben wollen und seine Freiheit auf Kosten der anderen mißbrauchen. Mit diesem Mangel haben auch die mit den Regierungsgeschäften Beauftragten fertig zu werden: »Das höchste Oberhaupt soll aber gerecht für *sich selbst*, und doch ein *Mensch* sein. Diese Aufgabe ist daher die schwerste unter allen; ja ihre vollkommene Auflösung ist unmöglich; aus so krummen Holze, als woraus der Mensch gemacht ist, kann nichts ganz Gerades gezimmert werden. Nur die Annäherung an diese Idee ist uns von der Natur auferlegt.« (17, S. 23)

Diese Schwierigkeit, das Problem einer »vollkommen gerechten Verfassung« zu lösen, ergibt sich nicht nur aus der subjektiven Art und Weise, wie Kant das Problem stellt, sondern verweist auf den »Pferdefuß« der bürgerlichen Freiheits- und Gleichheitsideale. Der Philosoph spricht hier allgemeine Schwierigkeiten an, auf die die bürgerlichen Denker bei der theoretischen Bewältigung der Widersprüche der bürgerlichen Gesellschaftsformation stießen. Freiheit und Gleichheit waren Forderungen des fortschrittlichen Bürgertums des 18. Jahrhunderts im Kampf gegen absolutistische Herrschaftsformen und die feudale

Klassenhierarchie; sie werden aber wesentlich in der politischen Sphäre, z. B. als Mitbestimmung im Staat, angesiedelt und als formal-juristische und abstrakt-ethische Werte proklamiert. Die in den sozialökonomischen Grundlagen der Gesellschaft durch den Privatbesitz an Produktionsmitteln bestehende Ungleichheit wird nicht in Frage gestellt. Damit hängt zusammen, daß Freiheit und Gleichheit formal aufgefaßt werden, und zwar als »Spielraum« des einzelnen Individuums gegenüber den anderen Gesellschaftsmitgliedern, die gleicherweise Freiheit beanspruchen können. Eine solche Auffassung von Freiheit und Gleichheit liegt auch der Kantschen Fragestellung nach seiner absolut gerechten bürgerlichen Verfassung zugrunde. Aus einer solchen Konzeption ergibt sich in der Tat die Frage: Wie ist denn nun eine absolute Gerechtigkeit in der Gewährung von individueller Freiheit zu erreichen, so daß jeder seine Befugnisse kennt und einhält? Denn jedes Überschreiten dieses individuellen Spielraumes kann nur auf Kosten der anderen Gesellschaftsmitglieder und damit des gesellschaftlichen Ganzen geschehen. Da die Menschen sich nicht nur »ideal« verhalten, d. h. durch reine Vernunfteinsicht und Moralität leiten lassen können, sondern als empirische Wesen auch zu Egoismus, Herrschsucht, Habsucht usw. neigen, hielt Kant die Realisierung eines vollkommenen »Reiches der Vernunft« für eine Illusion. So geschieht es, daß Kant zwar selbst in den bürgerlichen Vorstellungen von Freiheit und Gleichheit befangen ist, jedoch durch konsequentes Zuendedenken der sich daraus ergebenden Schwierigkeiten diese Ideale für unrealisierbar hält und als das erklärt, was sie sind: als illusorische Zielvorstellungen. Dieser indirekte Angriff auf die bürgerlichen Ideale blieb nicht unwidersprochen.

So hat vor allem der Kantsche Satz, daß der Mensch ein Tier sei, das einen Herrn nötig habe, den Zorn Herders erregt, der darin die Unterwürfigkeit eines Sklaven gegenüber dem Despotismus sah. In seinen »Ideen zur Philosophie der Geschichte der Menschheit« fordert Herder, diesen »zwar leichten, aber bösen Grundsatz« umzukehren. »Kehre den Satz um: Der Mensch, der einen Herrn nötig hat, ist ein Tier; sobald er Mensch wird, hat er keines eigentlichen Herrn nötig.« (18, S. 268)

Getragen von einem tiefen Haß gegenüber jeglichem Despotismus spricht Herder direkter als Kant Gesellschaftskritik angesichts der damaligen politischen Zustände aus und deutet daher Kants These als deren Rechtfertigung. Im Unterschied zu Kant idealisiert jedoch Herder den Menschen seiner Naturanlage nach: er sei als Geschöpf Gottes zur Freiheit, Humanität und Religion gebildet, wie Vernunft, Sprache, aufrechter Gang usw. zeigen. Kant dagegen sieht den Menschen seiner Naturanlage nach als ein widersprüchliches Wesen, das sich durch seine Tätigkeit selbst erst zum Vernunftgebrauch und zu humanen gesellschaftlichen Zuständen emporarbeiten muß. Er betrachtete die Geschichte stärker vom Gesichtspunkt der Widersprüchlichkeit ihres Verlaufs, die er als gesetzmäßig zu begreifen versuchte. So gelangte er mit seiner Darstellung der Gesellschaft zu dialektischen Einsichten in den antagonistischen Charakter des bisherigen gesellschaftlichen Fortschritts.

Kant trägt auf diese Weise dazu bei, die vereinfachte Vorstellung anderer bürgerlicher Ideologen seiner Zeit, daß die bisherige Geschichte (besonders der Feudalismus) bloß widernatürlich und unvernünftig gewesen sei und durch die Gründung der bürgerlichen Gesellschaft, des »Reiches der Vernunft«, ein für allemal überwunden werden könne, in Frage zu stellen. In dieser Frage blickt Kant theoretisch tiefer, tiefer auch als der große Rousseau, der trotz großartiger dialektischer Ansätze nicht frei war von einer wesentlich negativen Zivilisations- und Kulturkritik des bisherigen Geschichtsverlaufs einerseits und der Konstruktion idealer Geschichtszustände (Naturzustand und bürgerlicher Gesellschaftsvertrag) andererseits. Kant gewinnt eine realistischere Sicht des gesellschaftlichen Entwicklungsprozesses.

Aber dieser »Realismus« Kants hat angesichts der praktisch-politischen Erfordernisse der bürgerlichen Bewegung auch einen negativen Zug und ist für die Anpassung des Philosophen an die relativ zurückgebliebenen deutschen Verhältnisse charakteristisch. Die negativen Züge der bisherigen Gesellschaftsordnungen werden als historisch notwendig eingeordnet und damit »verstehend« interpretiert. Die Ideale gelten für Kant nur als nie erreichbare Richtpunkte des Handelns in einem allmählichen Progreß. Es ist erklärlich, daß sich daraus ein Verzicht auf die revolutionäre politische Tat ergibt — der vernünftige Ausweg wird in einer Aufklärung der Menschen gesehen. In dem Artikel »Beantwortung der Frage: Was ist Aufklärung?« (1784) gibt Kant eine geradezu klassische Bestimmung des Anliegens der Aufklärung: »*Aufklärung ist der Ausgang des Menschen aus seiner selbstverschuldeten Unmündigkeit. Unmündigkeit* ist das Unvermögen, sich seines Verstandes ohne Leitung eines anderen zu bedienen. *Selbstverschuldet* ist diese Unmündigkeit, wenn die Ursache derselben nicht am Mangel des Verstandes, sondern der Entschließung und des Muthes liegt, sich seiner ohne Leitung eines andern zu bedienen. Sapere aude! Habe Muth dich deines *eigenen* Verstandes zu bedienen! ist also der Wahlspruch der Aufklärung.« (17, S. 35)

So fällt in der entscheidenden Frage »Wie, mit welchen Mitteln sind gesamtgesellschaftliche Veränderungen möglich«? Kant einer folgenschweren Illusion zum Opfer: der

Faksimile eines Briefes Kants vom 21. März 1776 an Professor Christian Heinrich Wolke, Leiter der Dessauer »Schule der Menschenfreundschaft«, des sogenannten »Philanthropin«. Diese Schule wurde auf der Grundlage der humanistischen Pädagogik Basedows und des Rousseauschen Erziehungsideals geleitet. Kant, der das Philanthropin auch in Veröffentlichungen unterstützte, empfiehlt in diesem Brief den Sohn seines Freundes, des englischen Kaufmanns Motherbey, zur Aufnahme

Illusion von der Möglichkeit eines bloßen Reformweges zur Beseitigung des Feudalismus und seiner politischen Herrschaftsform.

Der revolutionierende Gehalt der gesellschafts-theoretischen Auffassungen Kants beruht somit eher auf seiner allgemeinen Geschichtsauffassung und dem darin ausgedrückten bürgerlich-humanistischen Anliegen als in den Antworten auf konkrete Fragen nach den politischen Mitteln, die das Bürgertum in seinem Kampf aufwenden muß.

Die Anpassungsbereitschaft in konkreten politischen Fragen ermöglichte es Kant, seine progressive Grundhaltung mit der akademischen Lebensweise in Einklang zu

Immanuel Kant.
Gemälde von Becker 1768

halten, ohne in dieser Zeit mit dem preußischen Staatswesen in Konflikt zu geraten.

Die Verzögerung seiner Berufung zum Professor — Kant war fünfzehn Jahre Privatdozent — hatte ihre Ursache nicht in politischen Vorbehalten der preußischen Regierungsämter dem Königsberger Philosophen gegenüber als vielmehr in mangelnden finanziellen Aufwendungen und fehlenden Lehrstühlen. Nach einigen vergeblichen Bemühungen wurde Kant endlich 1770 zum Professor (Ordinarius für Logik und Metaphysik) berufen. Damit hatte er eine einigermaßen gesicherte Existenz, so daß er auch die seit 1766 aus finanziellen Gründen ausgeübte Tätigkeit als Unterbibliothekar der Königlichen Schloßbibliothek 1772 wieder aufgeben konnte. Berufungsangebote nach Erlangen und Jena hatte Kant abgelehnt, um seine Vaterstadt nicht verlassen zu müssen. Auch eine 1778 ausgesprochene Berufung nach Halle, der damals bedeutendsten Universität Preußens, lehnte er ab. 1780 wurde Kant Mitglied des akademischen Senats seiner Universität.

»Was kann ich wissen?«

EIN Jahr später, 1781, erschien die erste Auflage des berühmtesten Werkes Kants »Kritik der reinen Vernunft«. Der Philosoph stellt sich hier die Aufgabe, das Erkenntnisvermögen zu prüfen, zu zeigen, wie es funktioniert und auf welche Schranken es dabei stößt. Vorher hatte Kant schon Grundlagen seiner Moralphilosophie erarbeitet, aber noch nicht publiziert. Stellung und Lösung des Erkenntnisproblems wurden davon wesentlich beeinflußt.

Bei der Ausarbeitung seines Systems interessierten Kant vorrangig jene Fragen, die die Stellung des Menschen in der Welt betreffen, das Verhältnis von Notwendigkeit und Freiheit sowie die Interpretation des »Weltganzen« (des Kosmos in seinen allgemeinen Bestimmungen). Kant stellte fest, daß das Erkenntnisvermögen hier auf erhebliche Schwierigkeiten stößt, denn die menschliche Vernunft ge-

Critik
der
reinen Vernunft

von

Immanuel Kant
Profeſſor in Königsberg.

Riga,
verlegts Johann Friedrich Hartknoch
1781.

rate offensichtlich immer wieder in Widerspruch (Antinomie) bei dem Versuch einer theoretischen Klärung der allgemeinen Zusammenhänge. Kant nennt vier antinomische Fragestellungen der Vernunft:

1. Gibt es einen Anfang der Welt in der Zeit und eine Grenze dem Raum nach oder nicht?
2. Bestehen die zusammengesetzten Dinge in der Welt aus einfachen Teilchen, oder existiert nichts Einfaches?

3. Gibt es neben der Naturkausalität noch Freiheit, oder geschieht alles lediglich nach Gesetzen der Natur?

4. Gehört zur Welt ein »schlechthin notwendiges Wesen« als ihr Teil oder ihre Ursache, oder besteht die Welt aus eigenem Vermögen?

Viel später, 1798, schildert Kant rückblickend in einem Brief an den ehemaligen Leipziger Philosophieprofessor Christian Garve (1742—1798), wie diese Fragen seine Arbeit bestimmten: »Nicht die Untersuchung vom Dasein Gottes, der Unsterblichkeit etc. ist der Punkt gewesen, von dem ich ausgegangen bin, sondern die Antinomie der reinen Vernunft: Die Welt hat einen Anfang — sie hat keinen Anfang etc. bis zur vierten: Es ist Freiheit im Menschen, — gegen den: es ist keine Freiheit, sondern alles ist in ihm Naturnotwendigkeit; diese war es, welche mich aus dem dogmatischen Schlummer zuerst aufweckte und zur Kritik der Vernunft selbst hintrieb, um das Skandal des scheinbaren Widerspruchs der Vernunft mit ihr selbst zu heben.« (19, S. 779 f.)

Wenn Kant betont, daß sein Ausgangspunkt nicht Überlegungen über Gott und die Unsterblichkeit der Seele waren, so setzt er die Position fort, die er mit der Kritik der rationalen Theologie und Seelenlehre bereits in den »Träumen eines Geistersehers« begann und die sich durch seine Beschäftigung mit den politischen Zeitfragen und dem Problem der Geschichte in Wechselbeziehung mit Fragen der Wissenschaftsentwicklung weiter gefestigt hatte: Er reduzierte den Gegenstand des Philosophierens auf die nähere Bestimmung des menschlichen Subjektes, auf die Ausmessung seines Vernunftvermögens. Auch die Erkenntnis der Welt wird unter dem Aspekt gesehen: Was kann der Mensch von der Welt wirklich wissen? In der 1800 er-

Titelblatt der Erstausgabe von Wolffs Werk »Der vernünftigen Gedanken von Gott, der Welt und der Seele des Menschen, auch allen Dingen überhaupt«.
Das Vertrauen in die uneingeschränkte Macht der Vernunft zeichnete den rationalistischen Dogmatismus Wolffs aus

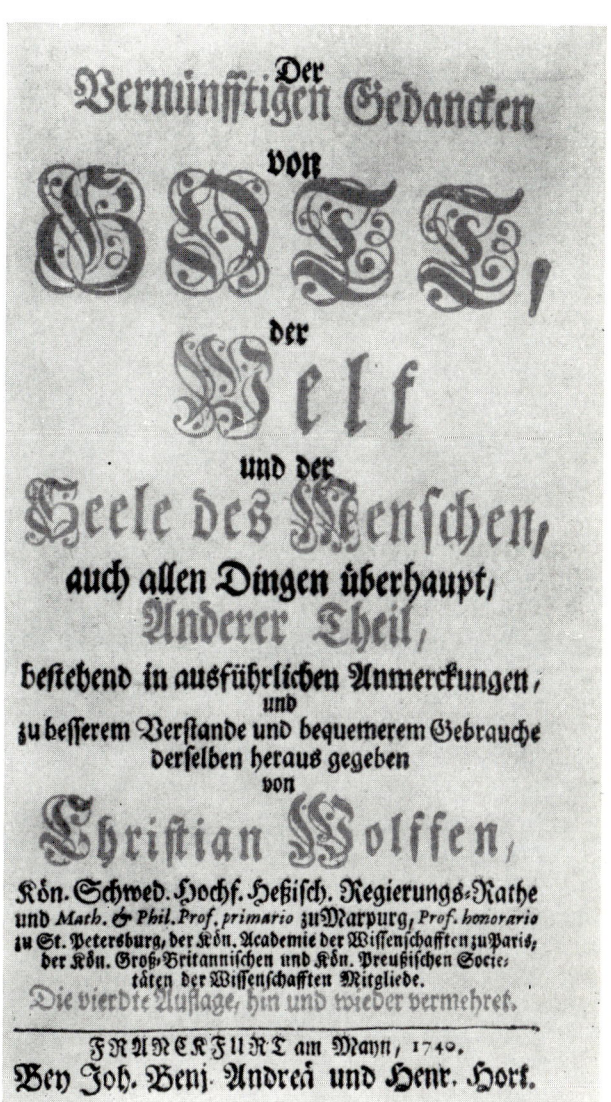

schienenen Überarbeitung seiner Logik-Vorlesung (deren Grundgedanken aber schon vor und um 1780—1782 entwickelt wurden) definiert Kant die Philosophie folgendermaßen: »Nach dem *Weltbegriffe* ist sie die Wissenschaft von den letzten Zwecken der menschlichen Vernunft. Dieser hohe Begriff gibt der Philosophie *Würde*, d. i. einen absoluten Werth ...

Das Feld der Philosophie in dieser weltbürgerlichen Bedeutung läßt sich auf folgende Fragen bringen:

1. *Was kann ich wissen?*
2. *Was soll ich thun?*
3. *Was darf ich hoffen?*
4. *Was ist der Mensch?*

Die erste Frage beantwortet die *Metaphysik*, die zweite die *Moral*, die dritte die *Religion* und die vierte die *Anthropologie*. Im Grunde könnte man aber alles dieses zur Anthropologie rechnen, weil sich die ersten drei Fragen auf die letzte beziehen.

Der Philosoph muß also bestimmen können

1. die Quellen des menschlichen Wissens,
2. den Umfang des möglichen und nützlichen Gebrauchs alles Wissens und endlich
3. die Grenzen der Vernunft. —« (20, S. 23 ff.)

Diese Auffassung vom »Feld« der Philosophie hat Kant in seinem gesamten Systemaufbau dargestellt. Hier sind auch der Platz und die Funktion der Erkenntnistheorie abgesteckt. Der Angelpunkt des Systems ist immer der Mensch, das Subjekt, und zwar in den nach Kants Meinung wesentlichen Bestimmungen als Vernunftwesen.

Kant nennt das von ihm angestrebte theoretische System der erkennenden Vernunft »Transzendentalphilosophie«. Transzendental (abgeleitet von [lat.] transcendere — hinübersteigen) erhält bei Kant die spezifische Bedeutung: der Erfahrung vorausgesetzt, diese bestimmend, aber nicht aus dieser abgeleitet (im Unterschied zu »transzendent«, was bedeutet: jenseits jeglicher Erfahrung liegend, so daß darüber nur spekuliert, nichts aber wirklich gewußt werden kann). Transzendental ist für Kant die Untersuchung der reinen Vernunft nach den in ihr enthaltenen Erkenntnisbedingungen a priori (rein gegeben, nicht empirisch gewonnen); diese transzendentale Analyse muß vor allem den »Gebrauch«, den Anwendungsbereich der Bedingungen a priori, angeben. In dieser allgemeinen Bedeutung kann man den Kantschen Transzendentalismus als einen Versuch werten, die Aneignungsformen des Menschen bei der Erkenntnis der Welt darzustellen, d. h. das subjektive Vermögen des Menschen, das sein Erkennen mitbestimmt. Kant macht aber den entscheidenden Fehler, daß er diese

Titelblatt von Christian August Crusius' (1715—1775) Werk »Anleitung über natürliche Begebenheiten ordentlich und vorsichtig nachzudenken«. Crusius war ein Gegner der Wolffschen Metaphysik. Kant nahm in seinen Werken zu Crusius verschiedentlich anerkennend, aber auch kritisch Stellung

subjektiven Faktoren ahistorisch a priori voraussetzt und das Bewußtsein der Menschen nicht als Produkt der geschichtlichen Praxis begreift.

Im Rahmen der Entwicklung der bürgerlichen Philosophie des 18. Jahrhunderts war Kants Transzendentalismus jedoch ein durchaus positiv zu wertender Versuch, die aktiven, schöpferischen Potenzen des Subjekts, seine Fähigkeit zum »Selbstdenken«, herauszuarbeiten.

Marx würdigt in seiner 1. These über Feuerbach, daß der klassische deutsche Idealismus im Unterschied zum bürgerlichen Materialismus »die tätige Seite« entwickelt, allerdings als geistige Tätigkeit, nicht als wirkliche sinnliche Tätigkeit, als Praxis. Kant hat insofern Anteil an dieser Ausarbeitung der »tätigen Seite«, als er die Vernunft als Prinzip der Selbstbestimmung des Menschen auffaßt. Man darf deshalb Kants »Kritik der reinen Vernunft« nicht als ein »rein erkenntnistheoretisches« Werk auffassen, wenn auch natürlich sein Hauptinhalt die kritische Analyse des Erkenntnisvermögens ist.

Im Rahmen dieser Darstellung soll nun Kants erste Frage: »Was kann ich wissen?« als Vorbedingung zur Klärung der Frage »Was ist der Mensch?« beantwortet werden, um im Zusammenhang damit die grundsätzlichen Positionen der Kantschen Erkenntnistheorie sichtbar zu machen.

Die copernicanische Wende

Eine erste Frage betrifft Kants weltanschauliche Methode bei der Analyse des Erkenntnisprozesses: In der Vorrede zur 2. Auflage der »Kritik der reinen Vernunft« schildert Kant seine Methoden: »Bisher nahm man an, alle unsere Erkenntnis müsse sich nach den Gegenständen richten; aber alle Versuche über sie a priori etwas durch Begriffe auszumachen, wodurch unsere Erkenntnis erweitert würde, gingen unter dieser Voraussetzung zunichte. Man versuche es daher einmal, ob wir nicht in den Aufgaben der Metaphysik damit besser fortkommen, daß wir annehmen, die Gegenstände müssen sich nach unserem Erkennen richten, welches so schon besser mit der verlangten Möglichkeit einer Erkenntnis derselben a priori zusammenstimmt, die über Gegenstände, ehe sie uns gegeben werden, etwas festsetzen soll.« (2, S. 22 f.)

Mit anderen Worten: Ehe wir über Gegenstände urteilen, müssen wir nach den a priori gegebenen Erkenntnisbedingungen fragen, denn diese formen wesentlich unsere Erkenntnis: Wir sehen die Dinge nicht, wie sie objektiv sind, sondern sozusagen »gebrochen« durch ein Prisma subjektiver, a priori in unserem Erkenntnisvermögen enthaltener Bedingungen. Kant vergleicht dieses methodische Vorgehen mit der Methode des Copernicus: »Es ist hiermit ebenso, als mit den ersten Gedanken des *Copernicus* bewandt, der, nachdem es mit der Erklärung der Himmelsbewegungen nicht gut fort wollte, wenn er annahm, das ganze Sternheer drehe sich um den Zuschauer, versuchte, ob es nicht besser gelingen möchte, wenn er den Zuschauer sich drehen und dagegen die Sterne in Ruhe ließ.« (2, S. 23)

Kants »copernicanische Wendung« ist zweifellos eine Wende zum Idealismus, denn die qualitativ bestimmten Aussagen über einen Gegenstand des Erkennens werden als von im Subjekt liegenden Begriffen und Grundsätzen abhängig gedacht. Damit wird jedoch der Widerspiegelungscharakter des Erkennens geleugnet und der Apriorismus zum beherrschenden Prinzip bei der Erklärung des Zustandekommens von Erkenntnissen. Es wäre aber allzu einfach, Kants Erkenntnistheorie einfach als »Absurdität« abzutun, denn hinter dieser Auffassung verbirgt sich ein echtes Problem: die Frage nach dem *aktiven* Moment im Erkenntnisprozeß. Kant kleidet dies selbst in die Worte, daß es gelte, mit Fragen an die Natur heranzutreten. Er wendet sich — wenn auch mit völlig ungeeigneten und wissenschaftlich nicht haltbaren Mitteln — gegen eine bloß kontemplative Auffassung vom Erkennen, wonach der Mensch passiver Empfänger von Eindrücken der Außenwelt ist.

Daß die Vernunft a priori gegeben sei, stand für Kant fest. Schon bei der Analyse der Geschichte hielt es Kant für unmöglich, aus der natürlichen (»empirischen«) Beschaffenheit des Menschen und dem Wirken der Naturkausalität heraus Freiheit, Moralität bzw. Vernunft begründen zu können. Nur das Zusammenwirken beider Sphären, nicht ein ursächliches Abhängigkeitsverhältnis wurde akzeptiert. Das Prinzip der Autonomie (Selbstgesetzgebung) der Vernunft in der Moral bestärkte Kant in der Überzeugung, daß auch die erkennende Vernunft aktiv, tätig sein müsse, wenn auch im Gebrauch auf gegebene Gegenstände (Erfahrung) beschränkt. Aber auch die Wissenschaftsentwicklung schien Kant eine vielfache Bestätigung der Voraussetzung einer Vernunft a priori zu sein, besonders in den mathematischen und theoretischen naturwissenschaftlichen Zweigen (der klassischen Physik und Mechanik). Mathematik und klassische Physik waren für Kant schon seit Beginn seiner wissenschaftlichen Laufbahn das Musterbeispiel an wissenschaftlicher Exaktheit und unumstößlicher Gewißheit.

Kant fand eine Entwicklungsphase dieser Wissenschaften vor, in der allgemeingültige Theorien entwickelt worden waren, die zugleich schon weitgehend mathematisch gestützt werden konnten. Diese wissenschaftliche Theorienbildung in verschiedenen Einzelwissenschaften, wie eben z. B. die Newtonsche Himmelsmechanik, kann nicht einfach als direkte Verallgemeinerung aus einer Menge von empirischen Erfahrungen und Daten (aus Beobachtungs- und Experimentalergebnissen) erklärt werden, obwohl sie natürlich eine empirische Grundlage hat. Der wissenschaftliche Abstraktionsvorgang und die Phase der Bildung von theoretischen Systemen sind jedoch weit kompliziertere gedankliche Verarbeitungen. Sie enthalten z. B. das Moment der Bildung wissenschaftlicher Hypothesen und setzen auch z. T. komplizierte mathematische Operationen voraus, die sich nicht unmittelbar aus der Erfahrung ergeben, sondern selbst auch auf einem bereits vorliegenden theoretischen Wissensstand auf diesen Gebieten beruhen. Löst man einen solchen Abschnitt der Wissenschaftsentwicklung aus dem allgemeinen historischen Zusammenhang heraus und betrachtet ihn, ohne die historische Genesis der hier einfließenden theoretischen Voraussetzungen hinreichend zu beachten, kann dies den Anschein erwecken, als ob der Mensch als erkennendes Subjekt a priori mit der Fähigkeit zur schöpferischen Konstruktion allgemeiner Gesetzesaussagen und mathematischer Operationen ausgerüstet sei.

Ein wissenschaftliches Herangehen an diese Probleme kann erst durch eine historisch-materialistische Einordnung der Wissenschaftsentwicklung in den gesamtgesellschaftlichen Entwicklungsprozeß auf der Grundlage der gesellschaftlichen Praxis und vom Standpunkt einer dialektisch-materialistischen Widerspiegelungstheorie aus erzielt werden. Im 18. Jahrhundert war eine solche Lösung noch nicht möglich, aber das Problem des Verhältnisses von Theorie und Empirie und die damit zusammenhängenden Fragen nach der Struktur der Abstraktions- und Synthesevorgänge im Erkenntnisprozeß traten ins philosophische Bewußtsein.

Im Prinzip gab es zwei Auffassungen: die des materialistischen Empirismus, wonach allgemein theoretische Aussagen Ergebnis der Verallgemeinerung von Sinneswahrnehmungen bzw. Erfahrungen sind (Nichts ist im Verstand, was nicht vorher in den Sinnen war — meinte Locke), und die des idealistisch begründeten Rationalismus (Descartes und Leibniz), wonach allgemeines Wissen auf eingeborenen Ideen beruhe.

Kant wurde mit dieser Situation in der erkenntnistheoretischen Diskussion konfrontiert und bemühte sich nun seinerseits um eine Lösung, die die Elemente der rationalistischen Auffassung mit der des Empirismus verbinden sollte. Nach seinem eigenen Zeugnis war es vor allem Hume, dessen Skeptizismus gegenüber dem menschlichen Verstand ihn aus dem »dogmatischen Schlummer« geweckt habe. Hume fragte, wie das menschliche Denken zu Erkenntnissen über allgemeine gesetzmäßige Zusammenhänge gelangen könne, so z. B. über die Ursache-Wirkung-Beziehung. Was wir selbst »erfahren« durch unsere Berührung mit den Dingen, sei doch immer nur das »Nacheinander« (post hoc) der Erscheinungen, nicht aber das Wegeneinander (Ursache-Wirkung: propter hoc).

Hume zog daraus den skeptizistischen Schluß, daß wir auf unser Erfahrungswissen beschränkt seien und bloß aus Gewohnheit so urteilen, als ob in der zeitlichen Folge der Erscheinungen ein kausales Abhängigkeitsverhältnis bestehe. Alles menschliche Wissen beruhe daher nur auf unserer von der empirischen Erfahrung erzeugten Gewohnheit zu urteilen; das aber reiche durchaus für das praktische Leben der Menschen aus. Ein gesichertes Wissen von all-

gemeinen Gesetzen und Prinzipien könne es nicht geben.
Kant bewahrte aus dieser Fragestellung das Problem
der Grenzen der menschlichen Vernunft und des allgemeinen Erfahrungsbezuges unserer Verstandestätigkeit auf,
lehnte jedoch Humes Skeptizismus strikt ab. Ihm ging es
doch darum, die Möglichkeit apodiktisch-gewisser, allgemeiner Erkenntnisse nachzuweisen, d. h., den Kreis des
gesicherten Wissens der Menschen genau zu umreißen. Ein
solches Wissen kann aber nur das sein, was die Vernunft
»nach eigenem Entwurfe« hervorgebracht habe. Die Empfindungen freilich können uns keine »Verbindung eines
Mannigfaltigen« (keine gesetzmäßigen Zusammenhänge)
geben, sie lehren uns wirklich nur das Nacheinander der
Eindrücke. Unser Verstand aber besitzt die Fähigkeit zur
Verknüpfung der Eindrücke; er ordnet und systematisiert
das empirische Material vermittels a priori gegebener Begriffe und Grundsätze (Denkregeln). So zeigen uns die
Empfindungen nur: Die Sonne scheint — danach wird der
Stein warm. Der Verstand aber sagt uns: Die *Ursache* für
die Erwärmung des Steines ist die Sonne.

Kant hat große Verdienste bei der Analyse des Erkennt-
nisvorganges. Durch seinen ausgeprägten Hang zu einer
strengen Systematisierung und Präzisierung gelang es ihm,
eine Reihe Fragen klarer zu stellen und z. T. auch Lösun-

gen anzubieten, die die erkenntnistheoretische Diskussion seiner Zeit voranbrachten. Das betrifft vor allem die starke Beachtung und Bearbeitung des aktiven und »synthetischen« (wissenserweiternden) Charakters des Erkennens.

Fruchtbar ist vor allem der Versuch, die Verbindung von Sinnlichem und Rationalem als einen Vorgang darzustellen, der jeden Erkenntnisakt auszeichnet; Kant überwindet damit die falsche Trennung einer sinnlichen Erkenntnisstufe von der rationalen und die unzulässige Identifizierung des Verhältnisses von Sinnlichem und Rationalem mit der Beziehung Empirie — Theorie.

Will der Verstand an einer Erweiterung unseres Wissens arbeiten, muß er sich stets auf Anschauung beziehen. Für sich allein kann er keine neue Einsicht gewinnen, denn die Anschauung bietet ihm erst ein Anwendungsfeld. Aber andererseits bedarf die Anschauung des Verstandes, denn er ordnet, systematisiert und synthetisiert: »Unsre Natur bringt es so mit sich, daß die *Anschauung* niemals anders als sinnlich sein kann, d. h. nur die Art enthält, wie wir von Gegenständen affiziert (gereizt — M. Th.) werden. Dagegen ist das Vermögen, den Gegenstand sinnlicher Anschauung zu *denken*, der *Verstand*. Keine dieser Eigenschaften ist der andern vorzuziehen. Ohne Sinnlichkeit würde uns kein Gegenstand gegeben, ohne Verstand keiner gedacht werden. Gedanken ohne Inhalt sind leer, Anschauungen ohne Begriffe sind blind.« (2. S. 126) Es sei deshalb notwendig, die Begriffe sinnlich und die Anschauung verständlich zu machen. Synthese (Erkenntniserweiterung) sieht Kant wesentlich in dieser Verbindung von Verstand und Sinnlichkeit. Er führt eine Reihe von Vermittlungen ein, die zur Erklärung der Verknüpfung beider Erkenntnisvermögen dienen: die »figürliche Synthese«, produktive und reproduktive Einbildungskraft, den »Schematismus« des reinen Verstandes (z. B. die Vorstellung der Zahl oder auch des »Beharrlichen«, Substantiellen) — alles Hilfsmittel, um zeigen zu können, wie sich Verstandesbegriff und Anschauung zu Erkenntnissen verbinden können. Kant will auf diese Weise zeigen, wie allgemeine theoretische Aussagen (z. B. das Ursache-Wirkung-Prinzip) Voraussetzungen und zugleich heuristische (»regulative«) Prinzipien für den Bereich der empirischen Forschung werden.

Aus Kants copernicanischer Wendung, der Voraussetzung, daß Vernunft nur das erkenne, was sie nach eignem Entwurf hervorgebracht hat, ergeben sich für die Bestimmung des Erkenntnisgegenstandes folgenschwere Konsequenzen: Der Gegenstand wird dann gar nicht so in unserem Wissen wiedergegeben, wie er objektiv (unabhängig von uns, »an sich«) existiert, sondern wir haben nur eine subjektiv geformte Vorstellung von ihm bzw. ein subjektiv bestimmtes Urteil über ihn.

Kant unterscheidet in der Tat zwischen dem Gegenstand als Erscheinung (phaenomenon) und dem Gegenstand als »Ding an sich« (noumenon). Über letzteres, meint Kant, können wir gar nichts wissen, außer daß es existiert, denn von den Dingen an sich her empfangen wir die Sinnesempfindungen (das Ding an sich »affiziert« unsere Sinnesorgane). Wir formen diese Empfindungen als mit Erkenntnisbedingungen a priori ausgestattete Subjekte immer schon in unserer subjektiven Weise, so daß wir es nur mit Erscheinungen zu tun haben.

Hier zeigt sich der für Kant typische Agnostizismus: Der Philosoph hält das Ding an sich für prinzipiell unerkennbar. Wenn wir ein Ding zum Gegenstand unserer Erkenntnis machen, so tun wir das immer nur auf unsere »menschliche« Weise. Alle Bestimmungen eines Gegenstandes, seine Gesetzmäßigkeiten, sein Wesen, ja selbst seine raumzeitliche Anordnung werden aufgrund unserer Erkenntnisbedingungen a priori erst in den Gegenstand »hineininterpretiert«. Das bedeutet jedoch nach Kant nicht, daß jeder Mensch auf seine Weise urteilt, sondern da alle Menschen den gleichen Erkenntnisbedingungen a priori unterliegen, sind Übereinstimmung und damit wahres Wissen möglich.

Im Unterschied zur Interpretation seiner Philosophie bei vielen Neukantianern um 1900 hat Kant die Existenz einer Welt der Dinge an sich niemals angezweifelt. Er hielt es geradezu für einen Skandal der Philosophie, die Existenz der Außenwelt bisher nicht beweiskräftig genug nachgewiesen zu haben, so daß ein derart »überschwenglicher« Idealismus wie der Berkeleys (1684—1753) entstehen konnte. Berkeley hatte behauptet, daß wir nur von der Existenz unserer Empfindungen wissen, aber nicht, ob etwas außer uns existiert. Seine These lautet: Esse est percipi — Sein ist Empfundenwerden.

Auch gegen Fichtes Philosophie, wonach das Ich (das Subjekt) das Nicht-Ich (Objekt) absolut schafft, hat sich Kant später entschieden ausgesprochen. Das Ding an sich hat in Kants Erkenntnistheorie eine sehr wichtige weltanschauliche Funktion.

Da es der affizierende Grund der Erscheinungen ist, erlangen wir dadurch die empirische Gewißheit, ob ein Gegenstand überhaupt existiert oder ob er nur in unserer Einbildung besteht. Kant will damit die Spekulation auf zweifache Weise schlagen: Einmal, indem er durch die Abgrenzung der Dinge an sich von der Erscheinungswelt betont, daß der Mensch nur dort wirklich etwas wissen kann, wo er sich den Gegenstand erkennend aneignet, wo er »Erfahrung« davon hat, d. h. zu ihm in Beziehung treten kann. Zum anderen will Kant sich gegen einen extremen subjektiven Idealismus absichern, indem er immer wieder herausstellt, daß es eine Außenwelt gibt, die uns durch die Affektion der Sinnesorgane das »Material« unseres Erkennens liefert, während unser Erkenntnisvermögen die Form des Erkenntnismaterials herstellt.

Diese Auffassung Kants kann natürlich keine befriedigende theoretische Lösung des Erkenntnisproblems sein. Es liegt hier, wie Lenin wiederholt bemerkt (21, S. 195 f.), ein Kompromiß zwischen Materialismus und Idealismus, ein Schwanken zwischen den beiden philosophischen Grundrichtungen vor, denn da das Ding an sich — nach Kant — nicht erkennbar ist, sind natürlich unterschiedliche Auslegungen des Wesens der Welt möglich, bzw. es kann die Existenz eines solchen »Dinges ohne Eigenschaften«, eines solchen »abstrakten An-sich-seins« (Hegel) angezweifelt werden.

Will sich Kant gegen Spekulationen richten, so kann er dies mit seinen Argumenten nicht konsequent realisieren. Das Ding-an-sich-Problem weist auf eine Grundschwäche der Kantschen Erkenntnistheorie hin, die sie allerdings mit aller bürgerlichen Erkenntnistheorie teilt: auf die Ausklammerung der Praxis aus der Erkenntnistheorie. Solange die Rolle der Praxis für die Erkenntnisprozesse nicht begriffen

wird und das Erkennen als rein theoretisches Verhältnis
zur Umwelt, isoliert von seiner praktischen Grundlage,
betrachtet wird, ist eine wissenschaftliche Lösung der von
Kant aufgeworfenen Problematik nach den subjektiven
Aneignungsformen nicht möglich. Da Kant das »reine Erkennen« reflektiert, dabei aber annimmt, daß alle Menschen die gleichen Erkenntnisbedingungen a priori, sozusagen »die gleiche Brille« besitzen, durch die sie die Welt
sehen, und dadurch zu übereinstimmenden Urteilen über
die Dinge gelangen, ist es von seinem Standpunkt aus in
der Tat unerheblich für die Wahrheitsgewinnung, ob wir
es mit den Dingen an sich oder nur mit den Erscheinungen
zu tun haben. Erst wenn die Frage auftritt, die Dinge »an
sich« praktisch zu Dingen »für uns« zu machen, wird es
unmöglich, die Trennung von Erscheinung und Ding an
sich aufrechtzuerhalten. Darauf wies bereits Engels in seiner Schrift »Ludwig Feuerbach und der Ausgang der klassischen deutschen Philosophie« hin. (22, S. 276)
   Kants Agnostizismus setzt der menschlichen Vernunft
unüberwindliche Erkenntnisschranken und ist somit eine
falsche, unhistorische Betrachtungsweise, die nicht nur
durch den Marxismus längst theoretisch widerlegt wurde,
sondern durch die Praxis der Menschen selbst tagtäglich
immer wieder Kritik erfährt.

Im 18. Jahrhundert reihte sich Kants Agnostizismus jedoch in die bürgerlich-progressive »Skepsis gegen die Vernunft des Bestehenden« (1, S. 80) (d. h. Skepsis gegenüber einer alten, überholten Welt samt ihren Ideen) ein und wird als wirksame Waffe gegen Spekulationen auf philosophischem und religiösem Gebiet eingesetzt. Kant hebt mit seiner Beschränkung unseres Wissens auf die Erscheinungswelt hervor, daß Aussagen, die die Erfahrung überschreiten und ins »Transzendente« geraten, kein Wissen mehr sein können, sondern in Phantastereien ausarten. Er führt die Argumente fort, die uns schon in den »Träumen eines Geistersehers« in allerersten Ansätzen begegnet sind.

Satire auf die Unbrauchbarkeit der Scholastik. Abschied eines Studenten von seinem scholastischen Lehrer. Typisch für scholastisches Philosophieren waren die sogenannten Gottesbeweise. Stich von Wolff

In der Vorrede zur zweiten Auflage der »Kritik der reinen Vernunft« 1787 meint Kant, er habe das Wissen ein-
schränken müssen, um für den Glauben Platz zu bekommen. Dieser Satz wurde oft so verstanden, als ob Kant den
Glauben »retten« wollte.

Wenn man jedoch Kants Haltung zur Frage des Glaubens in seinem Werk insgesamt berücksichtigt, wird deutlich, daß Kant eher meint, er wolle das Gebiet des Wissens
vor dem Eindringen jeglicher Spekulation schützen. Das
äußert sich in vielerlei Beziehung in der Art und Weise,
wie er den Gedanken einer Unerkennbarkeit der Dinge an
sich polemisch einsetzt. Am bekanntesten ist Kants Wider-
legung aller Versuche, einen theoretischen Beweis von der
Existenz Gottes zu erbringen, etwa durch formal-logischen
Schluß, durch Hinweis auf die Schönheit und Ordnung der
Welt oder auf andere Weise. Kant setzt sich mit dem sogenannten ontologischen Gottesbeweis der mittelalterlichen
Scholastik auseinander, der — mit Abwandlungen — etwa
so lautete: Gott ist allmächtig. — Zur Allmacht gehört die
Existenz. — Also existiert Gott.

Das Dasein (Existenz) eines Dinges, meint Kant, sei nicht
formal-logisch ableitbar, sondern müsse in der Erfahrung
bestätigt werden durch reale Gegebenheiten. Gott kann
niemals Gegenstand irgendeiner menschlichen Erfahrung
sein, also können wir auch seine Existenz nicht beweisen.
Dieser methodische Einsatz der Beschränkung unseres Wissens auf das Feld der Erscheinungen ist für Kant das Mittel, eine weit radikalere Kritik religiöser Dogmen anzu-
streben als in seinen frühen Schriften, wo es noch möglich
schien, naturwissenschaftliches Wissen mit dem Deismus
zu vereinbaren. Diese Radikalisierung der Religionskritik
ist auch gemeint, wenn Heinrich Heine schrieb, dieses Buch
sei das Scharfrichterschwert, mit dem der Deismus hinge-
richtet worden ist.

Dialektik der Vernunft

Kants erkenntnistheoretische Überlegungen sind nicht nur
in der Darstellung des synthetischen Charakters des Erkennens spontane Widerspiegelung dialektischer Züge des

Erkenntnisprozesses — Kant wirft vielmehr die Frage nach der Dialektik in dem umfangreichen Abschnitt »Die transzendentale Dialektik« selbst auf. Hier will Kant die Frage lösen: Wie ist Metaphysik als Wissenschaft möglich?

Im Dialektik-Abschnitt werden drei Ideen der reinen Vernunft als Gegenstand metaphysischer Erörterungen untersucht: Seele, Weltganzes (Kosmos), Gott. Bei der Untersuchung dieser drei Probleme strebt die Vernunft danach, die Verstandesbegriffe »überschwenglich«, über die Grenzen der Erfahrung hinaus, zu gebrauchen, denn hier werden ja Gegenstände berührt, die niemals in der Erfahrung gegeben werden können: weder die intelligible Seele, noch Gott, noch die Totalität des Kosmos. Will die Vernunft auf die damit aufgeworfenen Fragen definitiv antworten, so verfällt sie einem »transzendentalen Schein«, sie wird »dialektisch« (widersprüchlich). Sie meint Wissen zu haben, wo sie nur Vermutungen aufstellen kann. Dies ist aber kein bloßer Irrtum bzw. keine Unwahrheit im logischen Sinne, sondern das notwendige Ergebnis des natürlichen Bedürfnisses der Vernunft nach vollständiger Erkenntnis. Hier kann nur die Kritik vermittels der transzendentalen Methode aufklärend wirken.

Indem Kant den transzendentalen Schein auch »Dialektik« nennt, versteht er unter Dialektik nur eine Eigentümlichkeit des überschwenglichen Vernunftgebrauchs, nicht aber eine Widerspiegelung objektiver Dialektik.

Hegel kritisiert ihn zu Recht: »Es ist dies eine zu große Zärtlichkeit für die Welt, von ihr den Widerspruch zu entfernen, ihn dagegen in den Geist, in die Vernunft zu verlegen und darin unaufgelöst bestehen zu lassen.« (23, S. 236) Jedoch wirft Kant, besonders bei der Behandlung der Kosmos-Problematik, echte Fragen der objektiven Dialektik und ihrer Widerspiegelung im menschlichen Bewußtsein auf, ohne sich dieser Widerspiegelungsbeziehung bewußt zu werden.

In diesem Zusammenhang und entsprechend der ihn zentral interessierenden Thematik behandelt Kant die drei Vernunftideen durchaus nicht einheitlich.

Spekulationen über das Wesen und die Unsterblichkeit der Seele weist er als unhaltbar zurück, ebenso die Versuche, die Existenz Gottes zu beweisen, wobei er der Idee

Gottes nur den Wert eines Ideals im moralischen Bereich zugesteht (ein Problem, auf das an späterer Stelle eingegangen wird).

Anders behandelt der Philosoph die Idee des Kosmos: Sie nimmt schon deshalb eine andere Stellung ein, weil ihr Gegenstand, die Welt, real existiert und uns zumindest partiell durch Erfahrung gewiß ist. Nicht erkennbar sind jedoch — nach Kant — allgemeine Wesenszüge der Totalität der Welt. Will die Vernunft die Totalität dennoch erfassen — und sie hat ein Bedürfnis nach vollständiger Erkenntnis —, so wird sie »dialektisch«, »antithetisch« widersprüchlich, in ihren Aussagen in zwei gegensätzliche, sich ausschließende Antworten zu einer Frage verstrickt, die beide mit guten Argumenten stützbar sind.

Wir kommen hier wieder auf die vierfache Antinomie der reinen Vernunft zurück, die Kant nach eigenem Zeugnis zur Auflösung dieses »Skandals«, des Widerstreits der Vernunft mit sich selbst, bewegt hat.

Kant stößt auf echte dialektische Probleme, die zugleich allgemeinen weltanschaulichen Charakter tragen. Er ist sich durchaus der Besonderheit dieser Problematik gegenüber anderen Fragen bewußt, die aufgrund des damaligen Entwicklungsstandes der mathematischen Wissenschaften und der Naturwissenschaften lösbar waren.

Jetzt aber geht es um gesetzmäßige Beziehungen, die in zweifacher Hinsicht das mechanische Weltbild überschreiten, welches Kants Konzeption von Mathematik und reiner Naturwissenschaft als Ideale absolut gewisser menschlicher Erkenntnis zugrunde liegt: Einmal wird objektiv die dialektische Methode bei der Lösung der antinomischen Fragestellung erforderlich, zum anderen ist hier der einzelwissenschaftliche Bereich überschritten, und es geht um »metaphysische« (philosophische) Probleme im eigentlichen Sinne.

Kant erörtert in Form von These und Antithese, die er beide mit Begründungen stützt, die möglichen antinomischen Antworten.

Wenden wir uns zunächst der ersten, zweiten und vierten Antinomie zu, da die dritte eine Sonderstellung einnimmt:

These	*Antithese*
1. Die Welt hat einen Anfang in der Zeit und ist dem Raum nach auch in Grenzen eingeschlossen.	1. Die Welt hat keinen Anfang und keine Grenzen im Raume, sondern ist, sowohl in Ansehung der Zeit als des Raums, unendlich.
2. Eine jede zusammengesetzte Substanz in der Welt besteht aus einfachen Teilen und es existiert überall nichts als das Einfache, oder das, was aus diesem zusammengesetzt ist.	2. Kein zusammengesetztes Ding in der Welt besteht aus einfachen Teilen und es existiert überall nichts Einfaches in derselben.
4. Zu der Welt gehört etwas, das, entweder als ihr Teil, oder ihre Ursache, ein schlechthin notwendig Wesen ist.	4. Es existiert überall kein schlechthin notwendiges Wesen, weder in der Welt, noch außer der Welt als ihre Ursache. (2, S. 514 f.)

Kant behauptet nun zunächst, es sei nicht zu entscheiden, welche Antwort richtig sei, wenn wir die Welt als »Ding an sich« betrachten. Anders jedoch, wenn wir die Behauptungen auf die Erscheinungswelt beziehen, d. h. auf die Art und Weise, wie wir in Übereinstimmung mit den Wissenschaften die Welt sehen müssen: Da zeigt es sich, daß die These für die Erscheinungswelt nicht zutrifft, denn dort gibt es weder Anfang, noch Grenze, noch kleinste, unteilbare Teilchen, noch einen Schöpfer. Auf die Erscheinungswelt (und das ist eben unsere »menschliche« Welt!) sind nur sinnvoll die Antithesen anwendbar, denn sie widersprechen unseren mathematischen und naturwissenschaftlichen Erkenntnissen nicht: Die Welt der Erscheinung ist unbegrenzt in Raum und Zeit; es gibt nur eine unendlich graduierte materielle Raumerfüllung und nicht kleinste Teilchen im absolut leeren Raum, und die Welt besteht auch völlig aus sich heraus. Wir sehen, wie Immanuel Kant hier seine naturphilosophische Konzeption in die Erkenntnistheorie einbaut, sie allerdings nicht mehr als

Widerspiegelung einer objektiven Welt auffaßt, sondern als menschliche Weise, die Welt der Erscheinungen zu interpretieren. In ähnlicher Weise hatte er bereits bei der Darlegung der Verstandesgrundsätze die Naturphilosophie eingeordnet.

Der erkenntnistheoretische Apriorismus und Agnostizismus hindern Kant jedoch daran, diese naturphilosophischen Aussagen als gesichertes Wissen zu betrachten. Sie tragen für ihn nur den Charakter von Hypothesen, die letztlich niemals bestätigt werden können, da sie ja die Welttotalität betreffen. Ihr Gebrauch ist daher »problematisch«. Trotzdem haben diese Hypothesen im Erkenntnisprozeß als allgemeine Orientierung und Antrieb für das Erkenntnisstreben eine wichtige Funktion.

So sieht Kant das »Interesse der Vernunft bei diesem ihrem Widerstreit« in Fragen der Naturerkenntnis eindeutig auf seiten der Antithesen, die er der Auffassung des Empirismus (dem »Epikureism«) zuordnet, während die Thesen den Dogmatismus (den »Platonism«) charakterisieren. Während der Dogmatismus »unter lauter Ideen herum wandelt, über die man eben darum am beredtsten ist, weil man davon nichts weiß« (2, S. 556), so geht es dem Empirismus um die Erforschung der Natur, ein schwieriges und unpopuläres Geschäft. »Dagegen bietet aber der Empirism dem spekulativen (hier: theoretischen — M. Th.) Interesse der Vernunft Vorteile an, die sehr anlockend sind und diejenigen weit übertreffen, die der dogmatische Lehrer der Vernunftideen versprechen mag. Nach jenem ist der Verstand jederzeit auf seinem eigentümlichen Boden, nämlich dem Felde von lauter möglichen Erfahrungen, deren Gesetze er nachspüren und vermittels derselben er seine sichere und faßliche Erkenntnis ohne Ende erweitern kann.« (2, S. 553)

Allerdings werde auch der Empirismus dogmatisch, wenn er die Erscheinungswelt für die Welt der Dinge an sich halte und »übersehe«, daß es eine architektonische (a priori verstrukturierte) Natur der Vernunft gebe, die die Formierung unseres Wissens bestimme.

Eine besondere Bewandtnis hat es nun mit der Antinomie Notwendigkeit und Freiheit:

Die Antworten lauten hier:

3. These

Die Kausalität nach Gesetzen der Natur ist nicht die einzige, aus welcher die Erscheinungen der Welt insgesamt abgeleitet werden können. Es ist noch eine Kausalität durch Freiheit zur Erklärung derselben anzunehmen notwendig.

3. Antithese

Es ist keine Freiheit, sondern alles in der Welt geschieht lediglich nach Gesetzen der Natur. (2, S. 530 f.)

In dieser Frage gibt Kant der These (der Linie Platon) als notwendiges Denkprinzip recht, da sie Freiheit, Selbstbestimmung des Menschen, die Möglichkeit moralischer Entscheidung, kurz eine »reine Vernunft« (eine intelligible Welt) proklamiere. Diese dritte Antinomie ist für Kant der eigentliche Ausgangspunkt seiner philosophischen Fragestellung gewesen — ihre Lösung in Gestalt der Trennung von Notwendigkeit und Freiheit als zwei Welten, denen das Subjekt angehört, bestimmt die Struktur seines Systems.

Kants Wohnhaus (um 1845). Nach einer Lithographie von Bils

Die Frage »Wie ist Metaphysik als Wissenschaft möglich?« ist für Kant nun zumindest negativ beantwortet, wenn es um das Erkennen der Welt geht. Sie ist nicht möglich als allumfassende Ontologie (Seinslehre), sondern als System einer Transzendentalphilosophie, die alle Bedingungen a priori umfaßt und ihren Anwendungsbereich fixiert. Die Kritik der reinen Vernunft selbst betrachtet Kant noch nicht als Transzendentalphilosophie, sondern als Vorarbeit (Propädeutik), obwohl er hier schon alles Wesentliche ausführt. Kant meinte aber, man müsse nun beginnen, ein solches System, das er auch »Metaphysik der Natur« nennt (nämlich der Naturerkenntnis), auszuarbeiten, eine Aufgabe, der er sich in seinen letzten Lebensjahren widmete, ohne sie abschließen zu können.

In den folgenden Jahren wandte sich Kant erneut der Ausarbeitung seiner Moralphilosophie zu, um sie zu publizieren. Er hatte die Arbeit daran unterbrochen, um zunächst die Kritik der erkennenden Vernunft und somit die Absteckung des Reichs der Notwendigkeit (der Naturerkenntnis) vorauszuschicken.

Wie lebte Kant?

ACH dem ersten Erscheinen der »Kritik der reinen Vernunft« verbreitete sich Kants Ruf als Begründer einer neuen Denkweise durchaus noch nicht so rasch. Eine der ersten Besprechungen des Buches, eine von Garve vorbereitete und dem Göttinger Professor Johann Heinrich Feder (1740—1821) in offensichtlicher Unkenntnis des Werkes überarbeitete Rezension, ging so sehr an Kants Auffassung vorbei, daß dieser 1783 zum besseren Verständnis die »Prolegomena (Einführungen) zu einer jeden künftigen Metaphysik, die als Wissenschaft wird auftreten können« schrieb, die den Grundgedanken der Kritik nochmals systematisch herausarbeitete. 1787 erschien eine zweite von Kant z. T. stark überarbeitete bzw. ergänzte Auflage der »Kritik der reinen Vernunft«, und noch im gleichen Jahr beendete er die »Kritik der praktischen Vernunft«, die eine Weiterführung der moralphilosophischen Auffassungen bedeutet. Die Hauptgedanken waren bereits in der »Grundlegung zur Metaphysik der Sitten« (1786) begründet worden. Die »Kritik der praktischen Vernunft« erregte gleich großes Aufsehen und bewirkte bei vielen Lesern, daß sie auch der »Kritik der reinen Vernunft« mehr Aufmerksamkeit widmeten.

Bevor wir jedoch Kants Moralphilosophie näher betrachten wollen, sei noch einiges zur Lebensweise des Philosophen gesagt. Die letzten zweieinhalb Lebensjahrzehnte Kants sind in den zeitgenössischen Biographien Gegenstand einer fast anekdotenhaft anmutenden Darstellungsweise geworden, denn in diesen Jahren richtet Kant mit geradezu pedantischer Regelmäßigkeit seinen Tagesablauf ein und achtet mit peinlicher Sorgfalt auf die Aufrechterhaltung seiner Arbeitskraft, denn er hatte sich ein gewaltiges Pensum Arbeit vorgenommen und auch wirklich ein umfangreiches Werk hinterlassen. In dieser Zeit arbeitete er neben den bereits genannten Werken seine teleologische Naturauffassung und seine Ästhetik in dem Buch »Kritik der Urteilskraft« (1790) aus, schrieb die religionsphilosophischen Werke »Religion innerhalb der Grenzen bloßer Vernunft« (1793) und »Streit der Fakultäten« (1798), überarbeitete seine Anthropologie- und Logik-Vorlesungen zu Publikationen und gab eine Vielzahl kleinerer Schriften zu sehr verschiedenen Themen der Naturwissenschaft, der Geschichte und Politik heraus.

Kants akademische Verpflichtungen wurden ebenfalls zeitaufwendiger, denn 1786 wurde er zum ersten Male zum Rektor der Universität gewählt und 1788 zum zweiten Male. 1787 erfolgte seine Aufnahme in die Berliner Akademie der Wissenschaften.

Von kleiner schwächlicher Statur, fürchtete Kant ständig um das Schwinden seiner Arbeitsfähigkeit.

Der Philosoph machte es sich zur Gewohnheit, sein Leben nach Maximen einzurichten, die er für sich selbst bestimmte. Sein streng geregelter Tagesablauf zeugt von dieser Lebensweise: »Kant steht täglich frühe um 5 Uhr auf; ... — hält eine bis zwei Stunden, ehedem vier bis fünf, Vorlesungen des Tags; ... bearbeitet dann bis zum Mittag diejenigen Werke, von denen ich oben sagte, daß er sie der Welt noch geben will. — Er, seit einigen Jahren Eigentümer eines Hauses in einer geräuschlosen Gegend, ... zieht zu einem frugalen Mittagstisch einen kleinen Kreis gewöhnlich von dreien oder vieren guter Freunde, deren Mahlzeit bei ihm er durch seine Unterhaltungen aus allen Fächern des Wissenswürdigen würzt ... Gegen Abend ein Spaziergang, ehedem nach der Veste Friedrichsburg, ... jetzt nach dem seiner Wohnung näher gelegenen Hollsteinschen Damme ... Dann, zum Tagesschlusse ist Kant mit Lektüre von allerhand Art und aus allen Fächern, bis zum Glockenschlage zehn beschäftigt ...« (6, S. 48 f.)

Das Haus, von dem hier die Rede ist, hat Kant 1783 gekauft. Es stand in einer stillen Nebenstraße in der Nähe des Schlosses, umfaßte acht Zimmer, darunter einen geräumigen Hörsaal und war von dem Junggesellen Kant fast spartanisch einfach eingerichtet worden. Einziger Schmuck seines Arbeitsraumes war ein Bild Rousseaus.

Kant hatte den Grundsatz, das Mittagsmahl als eine gesellige Angelegenheit zu gestalten, denn die Pflege von Geselligkeit war eine seiner Lebensmaximen.

Kants Wohnhaus.
Ansicht vom Garten aus

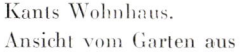

Das Mittagessen war Kants einzige Mahlzeit am Tage. Es wurde deshalb um so umfangreicher und zeitaufwendiger gestaltet. Die Biographen Jachmann und Wasianski, selbst oft Gäste an Kants Tafel, wurden nicht müde, Kants Eß- und Tischgewohnheiten ausführlich zu schildern. Aber wichtiger wohl als diese ist ihre Schilderung der ausgedehnten Gespräche, die der Philosoph mit seinen Gästen zu führen pflegte und die neben den Stadtereignissen besonders auch Neuigkeiten der Wissenschaft und vor allem politische Geschehnisse betrafen. Kant sah es jedoch nicht gern, wenn bei Tisch über Philosophie gesprochen wurde.

Bei Tisch bediente Kants alter Diener namens Lampe, ein ausgedienter Soldat, der rechtschaffen, ehrlich und anhänglich, aber von »eingeschränktem Verstande« gewesen sein soll. Seine Gestalt ist ebenfalls in die Anekdoten um den Philosophen eingegangen. Heine schildert ihn, wie er mit dem Regenschirm unter dem Arm seinen Herrn auf dem Philosophengang begleitete, und schreibt ihm scherzhaft eine ungeheure Wirkung auf Kants Philosophie zu. Denn nachdem Heine in seinem Buch »Zur Geschichte der

Kants Mittagstisch.
Nach einem Gemälde
von Doestling

Religion und Philosophie in Deutschland« Kants »Kritik
der reinen Vernunft« als Scharfrichterschwert gegenüber
dem Deismus geschildert hat, fährt er fort: »Ihr meint, wir
könnten jetzt nach Hause gehn? Beileibe! es wird noch
ein Stück aufgeführt! Nach der Tragödie kommt die Farce.
Immanuel Kant hat bis hier den unerbittlichen Philosophen trassiert, er hat den Himmel gestürmt, er hat die
ganze Besatzung über die Klinge springen lassen, der Ober-
herr der Welt schwimmt unbewiesen in seinem Blute, es
gibt jetzt keine Allbarmherzigkeit mehr, keine Vatergüte,
keine jenseitige Belohnung für diesseitige Enthaltsamkeit,
die Unsterblichkeit der Seele liegt in den letzten Zügen —
das röchelt, das stöhnt —, und der alte Lampe steht dabei
mit seinem Regenschirm unterm Arm als betrübter Zuschauer, und Angstschweiß und Tränen rinnen ihm vom
Gesicht. Da erbarmt sich Immanuel Kant und zeigt, daß
er nicht bloß ein großer Philosoph, sondern auch ein guter
Mensch ist, und er überlegt, und halb gutmütig und halb
ironisch spricht er: ›Der alte Lampe muß einen Gott haben,
sonst kann der arme Mensch nicht glücklich sein — das sagt
die praktische Vernunft — meinetwegen — so mag auch
die praktische Vernunft die Existenz Gottes verbürgen.‹
Infolge dieses Arguments unterscheidet Kant zwischen
theoretischer und praktischer Vernunft, und mit dieser,
wie mit einem Zauberstäbchen, belebt er wieder den Leich-
nam des Deismus, den die theoretische Vernunft getötet.«
(4, S. 172 f.)

Oder hat er es auch der Polizei wegen getan? fragt
Heine. So spaßig diese Überlegung ist — Heine wirft damit ein heißumstrittenes Problem der Kantschen Moralphilosophie auf: Die Einführung der Gottesidee als Idee
eines »höchsten Guts«.

Wie steht es nun wirklich mit Kants Moralphilosophie
und ihrer Beziehung zur Religion?

»Was soll ich thun?«

ACH Kants Auffassung findet in der Moral-
philosophie die Frage »Wie ist die Metaphy-
sik als Wissenschaft möglich?« eine positive
Beantwortung: Hier geht es nicht vorrangig
um das Aufzeichnen der Grenzen mensch-
licher Vernunft, sondern um die Begründung ihrer »Autonomie«, ihres Vermögens, sich selbst zu bestimmen.

Die Vernunft hat zwei Funktionen: einmal als »spekula-
tive« (erkennende) Vernunft im Erkenntnisprozeß — zum
anderen aber als allgemeiner und freier Gesetzgeber für
menschliches Handeln und Verhalten, als Quelle der moralischen Motive des Handelns: nämlich als reine praktische
Vernunft. Letzteres muß von der Moralphilosophie, einer
»Metaphysik der Sitten«, theoretisch dargestellt werden.

Kant betrachtet seine Moralphilosophie als die Krönung
seines philosophischen Systems, da er es für die vor-
nehmste Aufgabe hielt, an der Moralisierung der Menschheit durch Aufklärung über den eignen Vernunftgebrauch
zu arbeiten und auf diese Weise Einfluß auf das Handeln
und Verhalten der Menschen in ihrem gesellschaftlichen
Zusammenwirken zu nehmen. Die reine praktische Vernunft muß der erkennenden übergeordnet werden: »Der
speculativen Vernunft untergeordnet zu sein ... kann man
der reinen praktischen gar nicht zumuthen, weil alles Interesse zuletzt praktisch ist, und selbst das der speculativen Vernunft nur bedingt und im praktischen Gebrauche
allein vollständig ist.« (24, S. 121)

Auf diese Weise spricht Kant die wichtige Einsicht aus,
daß es vor allem Interessen sind, die das Leben der Menschen bewegen, und daß das Erkennen in bezug auf diese
Interessen eine bestimmte Funktion im Leben erhält —
aber nicht schon für sich genommen »vollständig«, d. h.
mit anderen Worten, von gesellschaftlichem Wert ist. So
muß auch alle Philosophie auf gesellschaftliche Wirksam-
keit hin ausgearbeitet werden — das ist der tiefe Grund-
gedanke dieser Überordnung der reinen praktischen über
die erkennende Vernunft.

Nach Kant ist die Moralität des Menschen in der reinen
praktischen Vernunft angesiedelt. Sie nimmt ihre Beweg-

gründe nur aus der Vernunft a priori — niemals aber aus »empirischen« Bereichen. Weder die Gefühle der Lust oder Unlust noch das Streben nach Glückseligkeit oder irgendein anderes empirisches Interesse können unsere moralische Entscheidung letztlich ausmachen (wenn auch mit beeinflussen!). Die Entscheidung im Sinne der Moral ist einzig und allein in unserem freien Willen begründet; die Autonomie des Willens ist oberstes Prinzip der Sittlichkeit. Wie ist das zu verstehen?

Kant unterscheidet an den Handlungen der Menschen zweierlei: einmal die konkrete Ausführung bzw. das Ergebnis. Diese gehören zum empirischen Bereich. Ihre Gestaltung hängt nicht vorrangig vom Willen des Menschen ab, sondern von vielen Faktoren, die er nicht immer beeinflussen oder gar beherrschen kann (er ist der »Naturkausalität« unterworfen). Also kann der Mensch für diesen Aspekt der Handlung auch nicht zur Verantwortung gezogen werden.

Anders aber steht es mit dem moralischen Handlungsmotiv: mit der Entscheidung für »gut oder böse«. Diese Entscheidung steht völlig beim Menschen; in dieser Frage ist er ein freies (souveränes, autonomes) Wesen. Jeder Mensch ist in jeder Situation in der Lage, sich moralisch einwandfrei zu verhalten. Ein Mann, der einen anderen bei Androhung der Todesstrafe durch seinen Fürsten verleumden soll, kann und soll nach dem Sittengesetz sich für die Wahrheit entscheiden, auch wenn er damit sein Leben verwirkt.

Der Mensch weiß sehr wohl, was gut und was böse ist; er hat in sich ein Gewissen, ein moralisches Gefühl. Freilich ist es schwer, sich in jeder Situation entsprechend dem Sittengebot verhalten zu können, denn der Mensch ist als empirisches Wesen vielerlei Einflüssen unterworfen und neigt dazu, seinen empirischen Interessen und Neigungen den Vorrang zu geben. Er kann demnach immer nur nach moralischer Vervollkommnung streben, ohne das Ideal einer stets rein-moralischen Entscheidung völlig erreichen zu können. Deshalb kann das Sittengesetz auch nur in der Form eines Gebotes, eines Imperativs, auftreten, d. h. in der Form: Du sollst! Du sollst deine Pflicht tun, selbst dann, wenn es dir schwerfällt, wenn deine Neigung in eine

andere Richtung strebt. Du sollst aber deine Pflicht auch
nicht aus Neigung tun, weil es dir angenehm ist, weil es
dir gefällt: das hieße ja, sich von seinem eignen Wohl-
befinden und eben nicht primär vom Pflichtgefühl leiten
zu lassen. Der moralische Wert einer Handlung ist sogar
um so höher zu veranschlagen, je weniger Neigung im
Spiel ist. Kant entwickelt somit in einer sehr rigorosen
Form eine Pflichtethik, die ihm selbst den Spott des Kanti-
aners Friedrich Schiller (1759—1805) eingebracht hat, der
Kants ästhetische und ethische Konzeption ansonsten be-
geistert aufnahm. Schiller schreibt:

»Gewissensskrupel:
Gerne dien ich den Freunden, doch tu' ich es leider mit
Neigung,
Und so wurmt es mir oft, daß ich nicht tugendhaft bin.
Entscheidung:
Da ist kein anderer Rat, du mußt suchen, sie zu verachten,
Und mit Abscheu alsdann tun, wie die Pflicht dir gebeut.«

Diese Konsequenz ergibt sich freilich nicht aus Kants
Pflichtethik. Kant leugnet nicht, daß es materiell bestimmte
Interessen und Neigungen gibt und daß der Mensch auch
nach empirischer Glückseligkeit strebt. Er sieht darin auch
nichts Negatives. Es geht ihm einzig und allein darum,
das spezifisch Moralische in der Entscheidung der Men-

schen rein zu bestimmen: die moralische Motivierung der Handlung, den »guten Willen«, wie er es auch nennt. Da nur er, nach Kants Vorstellung, von der freien Wahl des Menschen abhängt, kann man den Wert menschlicher Entscheidung auch nur an ihm messen, nicht aber am Erfolg der Handlung: »Der gute Wille ist nicht durch das, was er bewirkt oder ausrichtet, nicht durch seine Tauglichkeit zur Erreichung irgendeines vorgesetzten Zweckes, sondern allein durch das Wollen, d. h. an sich, gut ...« (25, S. 394)

Es wäre ein Mißverständnis zu meinen, Kant wolle damit sagen: es genüge, guten Willen zu zeigen, und es komme gar nicht darauf an, ihn in eine Handlung umzusetzen. Kant betont wiederholt, daß der Mensch nach Realisierung des guten Willens im Handeln und Verhalten streben soll. Die Abstraktion des guten Willens aus der konkreten Handlung dient ihm zunächst nur zur klaren Bestimmung des eigentlichen Handlungsmotives. In idealistischer Verkehrung wird eine reine Vernunft als allgemeiner Gesetzgeber proklamiert, anstatt Vernunft und Moral der Menschen von den sozialökonomischen Grundlagen der Gesellschaft abzuleiten. Es gibt aber für Kants Vorgehen einen wichtigen ideologischen Grund: Die Kantsche Pflichtethik ist der Versuch, eine absolute gesellschaftliche Verbindlichkeit im Handeln der bürgerlichen Klasse, unabhängig vom Eigennutz des einzelnen Individuums, zu fordern. Es spiegelt sich in dieser Konzeption die historische Notwendigkeit des Klassenkampfes der Bourgeoisie in illusionärer Form wider.

Bei Kant nimmt das Sittengesetz deshalb — in dem Bestreben, es allgemeingültig und »kategorisch« (streng verbindlich) zu gestalten — einen äußerst abstrakten und formalen Charakter an: »Der kategorische Imperativ ist also ein einziger und zwar dieser: *handle nur nach derjenigen Maxime, durch die du zugleich wollen kannst, daß sie ein allgemeines Gesetz werde.*« (25, S. 421)

Dieser Formalismus wird oft als Ausdruck der Inhaltsleere der Kantschen Ethik betrachtet. Doch mit diesem Problem hat es seine besondere Bewandtnis: Inhaltsleer und formal sind nicht identisch. Formal ist Kants Ethik höchstens in dem Sinne, daß ihr die Illusion einer allgemeinen formalen Freiheit und Gleichheit der bürgerlichen Individuen zugrunde liegt — also formal wie die bürgerliche Vorstellung einer gleichberechtigten Stellung aller Bürger unter kapitalistischen Verhältnissen, da von der im sozial-ökonomischen Bereich herrschenden Ungleichheit abstrahiert wird. Daher ist Kants »guter Wille« den konkreten Verhältnissen gegenüber letztlich ohnmächtig. Kants kategorischer Imperativ hat aber dennoch einen humanistischen Inhalt, denn die Maxime einer allgemeingültigen Gesetzgebung beruht auf Kants Überzeugtheit von der Würde des Menschen als höchstem Selbstzweck, und sein Pflichtbegriff zielt auf das Verantwortungsgefühl gegenüber der Gesellschaft. Wir finden bei Kant noch konkretere, dieses humanistische Anliegen klar ausdrückende Formulierungen, so in der »Grundlegung der Metaphysik der Sitten«: »Nun sage ich: der Mensch und überhaupt jedes vernünftige Wesen *existirt* als Zweck an sich selbst, *nicht bloß als Mittel* zum beliebigen Gebrauche für diesen oder jenen Willen, sondern muß in allen seinen sowohl auf sich selbst, als auch auf andere vernünftige Wesen gerichteten Handlungen jederzeit *zugleich als Zweck* betrachtet werden.« (25, S. 428)

Man könne deshalb den kategorischen Imperativ als Gesetz des praktischen Handelns auch folgendermaßen formulieren: »Handle so, daß Du die Menschheit, sowohl in deiner Person als in der Person eines jeden anderen jederzeit zugleich als Zweck, niemals bloß als Mittel brauchst.« (25, S. 429)

»Was darf ich hoffen?«

KOMMEN wir zu der Ausgangsfrage zurück: Weshalb führt Kant die Gottesidee in der praktischen Vernunft wieder ein? Braucht er sie zur Moralbegründung? Gerade das lehnt Kant ab: Der Mensch ist nicht moralisch, weil ein Gott existiert. Moralisch handeln aus Furcht vor der Strafe Gottes ist nicht eigentlich moralisch handeln, weil das Motiv in meinem Eigennutz liegen würde: ich möchte nicht gestraft werden. Moralisch handeln heißt seine Pflicht tun, um seiner Würde als Mensch zu entsprechen.

In der »Kritik der praktischen Vernunft« spricht Kant in enthusiastischen Worten von der Pflicht und fragt nach ihrem Ursprung. Kants Antwort lautet, daß er in der Persönlichkeit des Menschen, seiner Freiheit und Unabhängigkeit vom Mechanismus der Natur liege, aber auch in seiner Unabhängigkeit von einem obersten Wesen, das ihm die Motive des Handelns durch Lohn und Strafe vorschreiben würde. Dennoch folge aus der reinen praktischen Vernunft das Postulat des Daseins Gottes — und zwar als ein Ideal eines höchsten Gutes, in dem sich Sittlichkeit und Glückseligkeit vereinigen. Dieses Postulat kann nicht theoretisch bewiesen werden — es wirkt nur als Ideal und damit als Gegenstand des Glaubens in uns: Gott wird also damit zur höchsten sittlichen Idee umgedeutet. Er ist weder Schöpfer der Welt noch Begründer der Moral — er ist nur ein Ideal, damit den Menschen eine höchste Tugendvorstellung vorschwebe, der sie sich annähern sollen.

Gewiß enthält diese Position kein Bekenntnis zum Atheismus, wie ihn zur gleichen Zeit viele französische Materialisten vertraten. Sie ist aber auch eine Variante bürgerlicher Religionskritik gewesen. Es wird damit der gesamte Inhalt der Religion, soweit sich darin humanistisches Anliegen verkörpert, auf menschlichen Inhalt zurückgeführt. Es kann nur eine Moralreligion geben — und diese hat es mit den Pflichten der Menschen im Diesseits zu tun: mit der Gestaltung ihrer gesellschaftlichen Beziehungen. Alle Handlungs- und Verhaltensmotive findet der Mensch in sich selbst und im gesellschaftlichen Zusammenleben. Unter diesem Aspekt kann man sogar sagen, daß Kants Religionskritik ein Thema anschlägt, das von Feuerbach später weitergeführt werden konnte, allerdings auf materialistischer Grundlage und indem Feuerbach die religiösen Bewußtseinsformen nicht nur einem möglichen menschlichen Gehalt nach, sondern als verkehrte Widerspiegelung der Welt untersucht. Feuerbach sagt: »Das Geheimnis der Theologie ist die Anthropologie« (die Lehre vom Menschen). Kant stellt die Fragen: Was kann ich hoffen? (als Frage der Religion) — und: Was ist der Mensch? — und folgert dann: Alles bezieht sich auf die letztere Frage, d. h.

auf Anthropologie. Die Religionsphilosophie hat also einen menschlichen Inhalt und reduziert sich auf Moralphilosophie.

Wie konsequent Kant seine religionskritische Position ausbaute, zeigt seine Schrift »Die Religion innerhalb der Grenzen der bloßen Vernunft« (1793). Nachdem Kant dort »Gutes« und »Böses« als einzig von der freien Willenstat des Menschen abhängig erklärt hat, deutet er die Dogmenlehre des Christentums völlig im Sinne eines »menschlichen«, nämlich die menschliche Moral betreffenden rationalen Kerns. Er weist von seiner Position aus nach, daß alle Konfessionen, theologischen Dogmensysteme, institutionellen Einrichtungen der Kirche, alles Pfaffentum und aller »Afterdienst« (kirchliche Kulthandlungen) angesichts einer Moralreligion nicht nur überflüssig, sondern sogar in ihrer konkret historischen Form »unsittlich« sind, weil sie den Menschen dazu bringen wollen, sich bei einem »höchsten Wesen« durch Gebet und Kult einzuschmeicheln; denn: »... *alles, was außer dem guten Lebenswandel der Mensch noch thun zu können vermeint, um Gott wohlgefällig zu werden, ist bloßer Religionswahn und Afterdienst Gottes.*« (26, S. 170)

»*Das Pfaffenthum* ist ... die Verfassung einer Kirche, sofern in ihr ein *Fetischdienst* regiert, welches allemal da anzutreffen ist, wo nicht Prinzipien der Sittlichkeit, sondern statuarische Gebote, Glaubensregeln und Observanzen die Grundlage und das Wesentliche derselben ausmacht.« (26, S. 179)

Scharfe Kritik übt Kant am Klerus, der despotisch und intolerant auftritt: »Weil nun außer diesem Klerus alles übrige *Laie* ist (das Oberhaupt des politischen gemeinen Wesens nicht ausgenommen): so beherrscht die Kirche zuletzt den Staat, nicht eben durch Gewalt, sondern durch Einfluß auf die Gemüther ...« (26, S. 180)

An späterer Stelle schreibt Kant: »*Das Beten*, als ein *innerer förmlicher* Gottesdienst und darum als Gnadenmittel gedacht, ist ein abergläubischer Wahn (ein Fetischmachen) ...« (26, S. 194)

Das Kirchengehen, wenn es dort um Vernunftglaube gehe, diene zwar zur Erbauung — als Fetischdienst lehnt Kant es ab. Wenn man bedenkt, daß Kant selbst nach

Zeugnis der Biographen sich von kirchlichen Kulthandlungen weitgehend fernhielt, so ergibt sich insgesamt, daß
unser Philosoph mit den religiösen Gefühlen seines braven
Dieners Lampe wohl doch nicht so behutsam umging, wie
es Heine berichtete.

Die Schrift »Religion innerhalb der Grenzen der bloßen
Vernunft« brachte Kant denn auch in einen ihn sehr auf-
regenden Konflikt mit den preußischen Regierungsstellen.
Am 1. Oktober 1794 ließ ihm Friedrich Wilhelm II. durch
den neuen Kultusminister Wöllner eine Kabinettsorder
mit folgenden Worten zusenden: »Unsere höchste Person
hat schon seit geraumer Zeit mit großem Mißfallen ersehen:
wie Ihr Eure Philosophie zur Entstellung, Herabwürdigung
und Entehrung mancher Haupt- und Grundlehren der
heil. Schrift und des Christentums mißbrauchet; wie Ihr
dieses namentlich in Eurem Buch »Religion innerhalb der
Grenzen der bloßen Vernunft«, desgl. in andern kleinern
Abhandlungen getan habt. Wir haben Uns zu Euch eines
Bessern versehen; da Ihr selbst einsehen müsset, wie un-
verantwortlich Ihr dadurch gegen Eure Pflicht als Lehrer
der Jugend, u. gegen Unsre Euch sehr wohl bekannten
landesväterlichen Absichten handelt.« (19, S. 680)

Die Order schließt mit der Androhung »Unsrer Höchsten
Ungnade.«

Kant verteidigte sich, zutiefst erschrocken und empört,
in einem Antwortschreiben, ohne sich jedoch in einen offe-

nen Kampf mit seinen Gegnern einzulassen. Er, Kant, habe sich stets an Kompendien bei der Lehre der Jugend gehalten und beteuere gleichzeitig seine Hochachtung dem Christentum gegenüber. Seine Schrift aber würde vom Volk gewiß nicht gelesen; auch sei sie nicht gegen die Landesreligion gerichtet. Er zeige nur, daß Vernunftreligion den Offenbarungsglauben erst begründen müsse. Er beteuerte seine eigene Religiosität und wolle sich künftig aller öffentlichen Vorträge über Religion enthalten.

Im Nachlaß findet sich der Zusatz: Letzteres sei begrenzt zu verstehen. Nach Ableben des gegenwärtigen Monarchen wollte Kant wieder »in meine (seine — M. Th.) Freiheit zu denken eintreten« können.

»Was ist der Mensch?«

AUF den ersten Blick scheint die strikte Trennung der verschiedenen Vermögen des Menschen (Verstand und Sinnlichkeit) das wesentliche Anliegen der Kantschen Philosophie zu sein. In Wirklichkeit ist diese Sonderung für Kant immer nur der erste Schritt, um zur Synthese zu gelangen, d. h., um das komplexe Zusammenwirken der Aneignungsformen des Subjekts erfassen zu können. So bilden im Erkennen Verstand und Anschauung eine Synthese, und die Moralisierung der Menschheit wird als widersprüchliche Auseinandersetzung zwischen Pflicht und Neigung begriffen. Analog zu diesen Versuchen, die menschlichen Tätigkeits- und Aneignungsformen als komplizierte Wechselbeziehung zu fassen, werden auch in Kants Naturauffassung Fragen nach der Totalität der Naturerkenntnis immer wieder aufgeworfen, so die Fragen nach einer systematischen Verfassung des Naturganzen und nach einer Evolution der Naturformen (einschließlich der Organismen) vom Niederen zum Höheren.

Die dritte große »Kritik« führt diese Fragenkreise weiter — die 1790 veröffentlichte »Kritik der Urteilskraft«. Hier untersucht Kant die Leistungen und Grenzen der Urteilskraft des Menschen einerseits beim Reflektieren über die Natur als Ganzes und als Entwicklungsprozeß, andererseits bei der ästhetischen und künstlerischen Aneignung der Welt. Hatte Kant bisher drei Vermögen des Subjekts besonders hervorgehoben, nämlich Vernunft, Verstand und Anschauungsvermögen, so werden nun jeweils noch vermittelnde Vermögen untersucht: »Nun ist zwischen dem Erkenntnis- und dem Begehrungsvermögen das Gefühl der Lust, so wie zwischen dem Verstande und der Vernunft die Urtheilskraft enthalten.« (24, S. 178) Die Urteilskraft ist das Vermögen, das Besondere als im Allgemeinen enthalten zu denken. Im Erkenntnisvorgang ist durch die Verstandesgrundsätze a priori das Allgemeine gegeben, so daß die Urteilskraft bestimmend (die Erkenntnis konstituierend) funktionieren kann. Es gibt aber auch Fälle, da nur das Besondere gegeben ist und das Allgemeine erst aufgesucht werden soll. So sind z. B. viele Formen der organischen Natur gegeben, aber nicht das allgemeine Gesetz der Entwicklung dieser Formen vom Niederen zum Höheren. Freilich hat die Vernunft das Bedürfnis, auch dieses Problem zu lösen; sie kann hierzu aber nur vermittels ihrer reflektierenden (beurteilenden, nicht bestimmenden) Urteilskraft Hypothesen aufstellen, niemals aber zu wissenschaftlich begründeten Aussagen gelangen. Diese reflektierende Urteilskraft beurteilt die Natur nach dem transzendentalen Prinzip der Zweckmäßigkeit und unternimmt damit den Versuch, die beiden getrennten Welten von Notwendigkeit und Freiheit, die verschiedenen Gesetzmäßigkeiten unterliegen, als eine »Einheit im Übersinnlichen« zu denken, indem von der Naturgesetzmäßigkeit auf eine Zweckmäßigkeit und schließlich auf einen Endzweck der gesamten Wirklichkeit geschlossen wird, was freilich nur eine Denkmöglichkeit bleibt. Nach Kants erklärter Absicht soll somit eine Kritik der Urteilskraft als »Verbindungsmittel der zwei Theile der Philosophie« (24, S. 176), nämlich Metaphysik der Sitten und Metaphysik der Natur, fungieren, ohne selbst ein eigenständiger Teil der Philosophie zu sein.

Kant unterscheidet zwischen teleologischer Urteilskraft, die einen universellen Zusammenhang in der Natur nach dem Prinzip der Zweckmäßigkeit annimmt, und ästhetischer Urteilskraft, die entsprechend einer subjektiven Vorstellung der Zweckmäßigkeit, der Form der Gegenstände, deren Wirkung auf das Gefühl der Lust und Unlust in uns beurteilt, d. h., ob uns ein Gegenstand gefällt oder nicht. Wenden wir uns zunächst Kants Darstellung der Zweckmäßigkeit des Naturgeschehens zu und damit seinem Versuch, das Problem der organischen Natur weiter aufzuhellen. Eine Entwicklung der höheren Formen der Organismen aus niederen, der Mannigfaltigkeit der Naturformen aus einigen wenigen Stammformen wurde im 18. Jahrhundert im Zusammenhang mit der Entwicklung der Fossilienforschung, der Biologie, vergleichenden Anatomie usw. auch schon von anderen Denkern diskutiert, so von G.-L. L. de Buffon (1749—1788), von Herder und Goethe. Kant selbst hatte mit seiner »Allgemeinen Naturgeschichte und Theorie des Himmels« dazu einen wesentlichen Beitrag geleistet. 1775 forderte er in seinem Aufsatz »Von den verschiedenen Rassen der Menschen«, von der bloßen Naturbetrachtung zur Naturgeschichte überzugehen und aus der Geschichte der Veränderung der Erdgestalt auf eine Geschichte der Veränderung der Organismen zu schließen. Ähnliche Gedanken äußerte er 1788 in dem Aufsatz »Über den Gebrauch teleologischer Prinzipien in der Philosophie«. In der »Kritik der Urteilskraft« wird nun das »gewagte«, wenn auch »nicht ungereimte« Abenteuer der Vernunft erneut zur Sprache gebracht, eine Evolutionstheorie auf der Grundlage einer vergleichenden Anatomie auszuarbeiten: »Die Übereinkunft so vieler Thiergattungen in einem gewissen gemeinsamen Schema, das ... durch Einwickelung dieser und Auswickelung jener Theile eine so große Mannigfaltigkeit von Species hat hervorbringen können, läßt einen obgleich schwachen Strahl von Hoffnung in das Gemüth fallen, daß hier wohl etwas mit dem Princip des Mechanismus der Natur, ohne welches es überhaupt keine Naturwissenschaft geben kann, auszurichten sein möchte. Diese Analogie der Formen ... verstärkt die Vermuthung einer wirklichen Verwandtschaft derselben in der Erzeugung von einer gemeinschaftlichen Urmutter durch stufenweise Annäherung einer Thiergattung zur andern, von derjenigen an, in welcher das Princip der Zwecke am meisten bewährt zu sein scheint, nämlich dem Menschen, bis zum Polyp, von diesem sogar bis zu Moosen und

Flechten und endlich zu der niedrigsten und merklichen
Stufe der Natur, zur rohen Materie...« (24, S. 418 f.)
Auch in seiner 1798 herausgebrachten »Anthropologie in
pragmatischer Hinsicht« räumt er als denkmöglich, wenn
auch unbeweisbar, ein, daß sich die Organe des Orang-
Utan oder Schimpansen zum Gliederbau des Menschen

Titelblatt der Erstausgabe
der »Kritik der
Urteilskraft«

Critik

der

Urtheilskraft

von

Immanuel Kant.

Berlin und Libau,
bey Lagarde und Friederich
1790.

könnten ausgebildet haben und daß in dieser Anlage die Grundlage des Verstandes sein könne, der sich freilich durch menschliche Kultur erst entfaltet habe. Daß Kant die Entwicklungshypothese als teleologische Konzeption ausprägt, in der von angelegten Zwecken, »Absicht der Natur« usw. die Rede ist, ist historisch durchaus verständlich, wenn wir an den Wissensstand und das mechanisch-deterministisch geprägte Naturbild der Zeit denken. Immer aber hat sich Kant von einer Vulgärteleologie abgegrenzt, nach der, wie er mit Voltaire spottet, die Menschen Nasen haben, um Brillen darauf zu befestigen.

Dafür, daß Kant die Evolutionshypothese für prinzipiell unbeweisbar hielt, gibt es einen Grund, der sich nicht nur aus der Schwäche seines Transzendentalprinzips (der agnostizistischen Konsequenz), sondern primär aus der Stärke dieser Philosophie ergibt: Für Kant ist das Spezifische des Menschen, das, was ihn vom Tier unterscheidet, die Vernunft als aktives Vermögen, und diese ist in ihrer Wirkungsweise derart von Naturgeschehen unterschieden, daß sie nur durch das Studium der menschlich-gesellschaftlichen Tätigkeit begriffen werden kann, und nicht vorrangig durch naturgeschichtliche oder naturphilosophische Untersuchungen. So wendete Kant bereits 1785 gegen Herders »Ideen zu einer Philosophie der Geschichte der Menschheit« ein, daß Geschichte und Anlagen der Menschen nicht »im Naturalienkabinett durch Vergleichung des Sceletts des Menschen mit dem von anderen Thiergattungen aufgesucht werden müssen; ... sondern daß sie allein in seinen Handlungen gefunden werden können, dadurch er seinen Charakter offenbart.« (8, S. 56) Kant erweist sich auch in dieser Frage, ähnlich wie bei der Freiheit-Notwendigkeit-Problematik, als ein Denker, der die Grenzen der damals herrschenden Theorien sieht und versucht, darüber hinauszuzeigen, der auch Anstrengungen unternimmt, andere Denkansätze zu entwickeln, aber freilich ebenfalls keine befriedigende Lösung anbieten kann. Jedoch für die Herausarbeitung des Gedankens, daß die Menschen ihre Geschichte selbst machen, der in Hegels Geschichtsphilosophie fruchtbar aufbewahrt und im historischen Materialismus wissenschaftlich durchgeführt ist, war Kants Problemsicht ein erster wichtiger Grundstein.

Als scharfsinniger Analytiker der Aneignungsformen des Menschen und als bahnbrechend im Aufwerfen neuer Fragen kann Kant auch auf dem Gebiet der Ästhetik und der Kunsttheorie gelten, hat er doch die Diskussion über Wesen und gesellschaftliche Funktion des Ästhetischen unter den Künstlern seiner Zeit und nachfolgenden Künstlergenerationen stark angeregt und den bedeutenden ästhetischen Auffassungen von Hegel und Friedrich Wilhelm Schelling (1775—1854) vorgearbeitet. Die ästhetische Aneignung der Welt wird durch zwei Begriffe charakterisiert: das Schöne und das Erhabene. Beides sind nicht Eigenschaften der Dinge an sich, sondern subjektive Wertvorstellungen bzw. Gemütsstimmungen, die aus Anlaß der Betrachtung der Natur oder eines Kunstwerkes im Subjekt entstehen. Die Beurteilung des Schönen erfolgt nicht logisch wie im Erkennen, also durch Begriffe, sondern in einem ästhetischen Urteil, dem Geschmacksurteil, indem durch Urteils- und Einbildungskraft die Vorstellung des Gegenstandes auf das Gefühl der Lust und Unlust bezogen wird. Das Schöne erzeugt derart im Subjekt ein »interesseloses Wohlgefallen«. Es wird nicht gefragt, welchem Zwecke der Gegenstand dient, sondern nur, ob er gefällt. »Wenn mich jemand fragt, ob ich den Palast, den ich vor mir sehe, schön finde, so mag ich zwar sagen: ich liebe dergleichen Dinge nicht, die bloß für das Angaffen gemacht sind ... ich kann noch überdem auf die Eitelkeit der Großen auf gut Rousseauisch schmälen, welche den Schweiß des Volks auf so entbehrliche Dinge verwenden ... Man kann mir alles dieses einräumen und gutheißen; nur davon ist jetzt nicht die Rede. Man will nur wissen, ob die bloße Vorstellung des Gegenstandes in mir mit Wohlgefallen begleitet sei ...« (24, S. 204 f.) Kant merkt aber an, daß ein solches Urteil zwar ohne Interesse am Gegenstand, d. h. nicht vom Nützlichkeitsstandpunkt erfolgt, jedoch interessant, d. h. Interesse hervorbringend, sein kann.

Damit arbeitet er in einer feinsinnigen Analyse spezifische Aspekte des Ästhetischen heraus, u. a. auch den Gedanken, daß die Form der Zweckmäßigkeit in der Vorstellung des Subjekts vermittelst des freien Spiels der Erkenntniskräfte wirksam werde und die ästhetische Aneignung bestimme. Hier erahnt Kant einen Zusammenhang zwi-

schen der Form- und Zweckgebung durch das Subjekt und
der Entwicklung ästhetischer Wertvorstellungen und arbeitet dem Marxschen Gedanken vor, daß der Mensch, im
Unterschied zum Tier, auch nach den Gesetzen der Schönheit produziert. In der Tat ist die Entwicklung ästhetischer
Wertvorstellungen ein Aspekt in der Herausbildung der
Tätigkeitsformen des Menschen. Das Schöne ist ein Wert,
den die Menschen den Dingen beimessen, nicht weil diese
an sich bereits schön sind, sondern weil der Mensch diesen
Wertmaßstab (der Zweckmäßigkeit, der Harmonie usw.) in
der Formung seiner Umwelt entwickelt, die Dinge nach
diesen seinen Maßstäben produziert und danach auch andere Dinge seiner Umgebung (die Natur) unter diesem
Blickwinkel betrachtet und beurteilt. Freilich kann dabei
nicht völlig von der Beschaffenheit (z. B. der Form) der
Dinge abstrahiert werden — in dieser Frage hat schon
Hegel Kants Subjektivismus kritisiert. Die Beschaffenheit
der objektiven Dinge selbst ist ebenfalls eine Determinante
bei der Entstehung und Anwendung ästhetischer Normen
und Werte. Der oftmals, bereits von Schiller, erhobene
Vorwurf, die Kantsche Ästhetik sei formalistisch, trifft diese
allerdings nur bedingt. So betonte auch Kant, ganz im
Sinne der damaligen Diskussion, daß die Naturschönheit
das Muster für die Kunstschönheit sei: »Schöne Kunst ist

eine Kunst, sofern sie zugleich Natur zu sein scheint.« (24, S. 306) Auch eine Loslösung der ästhetischen Aneignung vom Erkennen und von der Moral gibt es in Kants Auffassung nur in der theoretischen Abstraktion als ersten Schritt. Kant hat jedoch das Zusammenwirken aller drei Aneignungsformen des Subjekts wiederholt betont und insbesondere zwischen ästhetischer und moralischer Wertung einen engen Zusammenhang behauptet. Dies wird besonders in Kants Analytik des Erhabenen offenkundig: angesichts der Erhabenheit des Naturgeschehens gerate der Mensch in eine Gemütsstimmung, die seine Moralität befördern kann.

Noch ein weiterer Aspekt sei als bemerkenswert herausgehoben: Kant spricht dem ästhetischen Urteilsvermögen eine gesellschaftsverbindende Funktion zu. Ist das Geschmacksurteil auch subjektiv, so gibt es doch aufgrund der Einheit der Gattung Mensch eine Mitteilbarkeit des Geschmacks, denn die Menschen haben einen Gemeinsinn (sensus communis), der auf dem Gefühl der Lust und Unlust beruht. So existiert also nach Kants Meinung neben und in Wechselbeziehung mit der Moral noch ein weiteres verbindendes, Werte setzendes Vermögen der in der empirischen Wirklichkeit durch egoistische Interessen zerstrittenen Menschen. Hier wird, freilich in illusionärer Form, in ideologischer Übereinstimmung mit Lessing, Herder, Goethe und anderen, das Bedürfnis der bürgerlichen Klasse nach neuen gemeinsamen Maßstäben in den menschlichen Beziehungen ausgesprochen und die ästhetische Aneignung als Mittel zur Humanisierung reflektiert. Die gleiche ideologische Intention enthält auch Kants Auffassung vom künstlerischen Genie als dem Typus des schöpferischen Menschen, der aufgrund seiner originellen Begabung und Einbildungskraft in der Lage ist, die Borniertheit bürgerlicher Arbeitsteilung zu überwinden — der durch harmonisches Zusammenwirken der Tätigkeitsformen nicht nur nachahmt, sondern Neues schafft.

Kant und die
Französische Revolution

IN großes Ereignis erschütterte 1789 die Gemüter und erweckte unter den progressiven Kräften des deutschen Bürgertums große Hoffnungen auf eine Überwindung der feudalen Fesseln: die Französische Revolution brach aus; das Volk von Paris stürmte die Bastille, und es konstituierte sich eine bürgerlich-revolutionäre Nationalversammlung, die alle Privilegien vor dem Gesetz für null und nichtig erklärte. Zwei Jahre nach Beginn der Revolution wurde das Dekret über die Menschen- und Bürgerrechte erlassen — Freiheit und Gleichheit aller Mitglieder der Gesellschaft vor dem Gesetz wurden legalisiert. Noch traten die antagonistischen Züge der bürgerlichen Gesellschaft nicht so kraß hervor wie einige Jahre nach der Eroberung der politischen Macht durch die bürgerliche Klasse. Die Bourgeoisie trat als Vertreter des Dritten Standes auf, d. h. aller unterdrückten Bevölkerungsschichten. Auf den Straßen kämpfte das arbeitende und ausgebeutete Volk, an die Losungen von Freiheit und Gleichheit glaubend, für die politische Macht der Bourgeoisie, ihren späteren Todfeind. Aber auch die revolutionären Kräfte der Bourgeoisie glaubten an ihre allgemeinmenschliche Mission: es war die Zeit der »heroischen Illusionen« dieser Klasse. Die Ideen der humanistischen vorrevolutionären französischen Aufklärer schienen ihrer realen Gestaltung entgegenzugehen.

Die Französische Revolution übte auf die fortgeschrittensten Vertreter des deutschen Bürgertums und der Intelligenz eine faszinierende Wirkung aus. So gründeten Studenten des Tübinger Stifts einen politischen Klub, dessen führende Köpfe Schelling (1775—1854), Hegel und Hölderlin (1770—1843) waren. 1790 pflanzten sie einen Freiheitsbaum. Fichte veröffentlichte 1793, zur Zeit der Jakobinerdiktatur, dem revolutionären Höhepunkt der Revolution, als manch anderer sich bereits von dem blutigen Terror abzuwenden begann, zwei anonyme Schriften: »Beiträge zur Berichtigung der Urteile des Publikums über die französische Revolution« und »Zurückforderung der Denkfreiheit von den Fürsten Europens, die sie bisher unter-

Die französische
Nationalversammlung
beschließt am 4. August
1789 die Beseitigung
aller Privilegien.
Stich von Helmann

drückten«. Mit großem revolutionärem Pathos und scharfen
Anklagen dem feudalabsolutistischen Regime gegenüber
begründete er das Recht des Volkes auf Selbstbestimmung,
auch in Form gewaltsamer Verfassungsänderung.

In Mainz wirkte Georg Forster (1754—1794), einer der
unerschrockensten deutschen Demokraten, im dort gegründeten Jakobinerklub für die Realisierung einer bürgerlich-
demokratischen Umwälzung.

Die bedeutendsten deutschen Dichter, Goethe, Klopstock, Wieland (1733—1813) und Schiller, bekannten sich
zu den Ideen der Revolution. Mancher unter ihnen, wie
Schiller und Klopstock, begriff nicht den notwendigen Prozeß der Differenzierung der Parteien im Verlauf der revolutionären Ereignisse in Frankreich und die zunächst notwendige Radikalisierung der Revolution und wandte sich
bald wieder von dieser Bewegung ab.

Kant dagegen gehörte zu den Männern, die trotz Vorbehalten den revolutionären gewaltsamen Methoden gegenüber die epochale Bedeutung dieser Umwälzung er-
kannten und auch noch Jahre nach der Revolution darin
das große Geschehnis des Jahrhunderts sahen. Kant er-
blickte in den revolutionären Ereignissen einen großange-

legten Versuch zur Stiftung der bürgerlichen Gesellschaft. Daß sie nicht mit einem Schlag das ideale »Reich der Vernunft« brachte, konnte ihn aufgrund seiner geschichtsphilosophischen Konzeption von der unendlichen Annäherung der Menschheit an eine völlige »Moralisierung« der Gesellschaft in seiner prinzipiellen Hochachtung des revolutionären Anliegens nicht wankend machen. Er sah in ihr die Ankündigung eines neuen Zeitalters und verfolgte die Ereignisse mit Anteilnahme. Alle Nachrichten aus dem revolutionären Frankreich wurden begierig von ihm aufgenommen und im Kreise der Freunde am Mittagstisch erörtert.

Jachmann berichtet, daß Kant in jener Zeit über nichts so viel sprach wie über diese politischen Zeitfragen. Durch nichts habe sich Kant so viele Freunde, aber auch so viele Feinde geschaffen wie durch seine politischen Grundsätze und Meinungen zur Französischen Revolution.

Noch einige Jahre nach der Revolution spricht Kant in seiner Schrift »Der Streit der Fakultäten« (1798) in begeisterten Worten über das humanistische Anliegen dieser Bewegung. Unter der Überschrift »Von einer Begebenheit unserer Zeit, welche diese moralische Tendenz des Men-

Sitzung des Mainzer Jakobinerklubs 1792 im Akademiesaal des Kurfürstlichen Schlosses. Tuschzeichnung von Hoch

schengeschlechts beweiset« schreibt er: »Die Revolution
eines geistreichen Volks, die wir in unseren Tagen haben
vor sich gehen sehen, mag gelingen oder scheitern; sie mag
mit Elend und Greueltaten dermaßen angefüllt sein, daß
ein wohldenkender Mensch sie, wenn er sie, zum zweiten-
male unternehmend glücklich auszuführen hoffen könnte,
doch das Experiment auf solche Kosten zu machen nie
beschließen würde, — diese Revolution, sage ich, findet
doch in den Gemüthern aller Zuschauer (die nicht selbst
in diesem Spiele mit verwickelt sind) eine *Theilnehmung*
dem Wunsche nach, die nahe an Enthusiasm grenzt, und
deren Äußerung selbst mit Gefahr verbunden war, die also
keine andere als eine moralische Anlage im Menschengeschlecht zur Ursache haben kann.« (5, S. 85)

Kant fand in der Französischen Revolution seine humanistischen Ideale bestätigt und wertete dieses bedeutende
Ereignis vor allem in Fortführung zweier Probleme aus:
einmal begründet er den Gedanken der Souveränität und
des friedlichen Nebeneinanderlebens der Völker, und zum
anderen entwickelt er seine Rechtsauffassung weiter, begründet durch moralphilosophische Aussagen.

»Zum ewigen Frieden«

INE kleine Schrift aus Kants Feder erregte im Herbst 1795 wegen ihres politischen Aussagegehalts großes Aufsehen: »Zum ewigen Frieden«. Kant entwickelte hier die Idee eines Völkerbundes zur Ausschaltung jeglicher Kriege. Kurz vorher, am 5. April 1795, war Preußen durch den Frieden mit Frankreich zu Basel aus dem ersten Koalitionskrieg ausgeschieden — nicht aus lauteren Absichten, sondern um freie Hand zur Unterdrückung der polnischen Erhebung gegen die Aufteilung Polens zu haben und um Österreichs Hegemoniebestrebungen in Deutschland zu begegnen. Daß Kant sich keine Illusion über diesen Friedensschluß machte, geht aus seinem Buch hervor:

Er wendet sich prinzipiell gegen den Krieg als ein Mittel der Politik und hält Friedensschlüsse für unsittlich, die mit Vorbehalt getroffen werden und den Keim eines neuen Krieges in sich tragen. Dies gehöre zur »Jesuitenkasuistik«.

Kant proklamiert im 1. Teil der Schrift zunächst fünf Präliminar- (Einleitungs-) Artikel, und gleich der erste lautet: »Es soll kein Friedensschluß für einen solchen gelten, der mit dem geheimen Vorbehalt des Stoffs zu einem künftigen Krieg gemacht worden.« (17, S. 343)

Gegen Preußens inneren Militarismus als einer ständigen Gefährdung des Friedens ist der 3. Artikel gerichtet: »Stehende Heere ... sollen mit der Zeit ganz aufhören.« (17, S. 345)

Ein Staat als die gesetzmäßige Vereinigung der Mitglieder eines Volkes könne nicht als »Habe« (Besitz) eines anderen Staates betrachtet werden; dies widerspricht — nach Kant — dem Menschenrecht gleichermaßen wie dem Völkerrecht.

Wie der Mensch keine Sache ist bzw. nicht die Sache eines anderen werden kann, so kann auch kein Volk so behandelt werden, als ob es zum Besitz eines anderen Staates gehöre. Das Recht des Staates ist dem einer freien Person gleichzusetzen. Weder Erbung, Tausch, Kauf, Schenkung noch gar gewaltsame Eroberung seien erlaubt.

Zeugnis für Kants unerschrockene Haltung in seiner Parteinahme für das revolutionäre Frankreich (aber auch

für sein Zurückschrecken vor der revolutionären Tat) ist
angesichts der Koalitionskriege der feudalabsolutistischen
Staaten der Artikel 5: »Kein Staat soll sich in die Verfassung und Regierung eines andern Staates gewaltthätig
einmischen. Denn was kann ihn dazu berechtigen? Etwa
das Skandal, was er den Unterthanen eines andern Staats
giebt? Es kann dieser vielmehr durch das Beispiel der
großen Übel, die sich ein Volk durch seine Gesetzlosigkeit
zugezogen hat, zur Warnung dienen . . . So lange . . . dieser
innere Streit noch nicht entschieden ist, würde diese Ein-
mischung äußerer Mächte Verletzung der Rechte eines nur
mit seiner innern Krankheit ringenden, von keinem andern abhängigen Volkes, selbst also ein gegebenes Skandal
sein und die Autonomie aller Staaten unsicher machen.«
(17, S. 346)

Da die Präliminarartikel nur zunächst negative Bedingungen der Erhaltung des Friedens sind, ist es — nach Kant — notwendig, sie durch sogenannte Definitivartikel zu sichern.

Faksimile aus der Handschrift »Zum ewigen Frieden«

Kant tritt in den Definitivartikeln für eine völkerrechtliche Regelung der staatlichen Beziehungen ein: die Gründung eines Völkerbundes, eines »Föderalismus freier Staaten«. Dies sei notwendig, um »aus dem gesetzlosen Zustande, der lauter Kriege enthält, herauszukommen«. (17, S.357) Sehr hoch zu veranschlagen ist es, daß Kant sich gegen den Kolonialismus und die Eroberungspolitik der entwickelteren Staaten ausspricht. Der Kolonialismus wirke sich wiederum verderblich auf die sogenannten »Mutterländer« aus — auf jene Mächte, »die von der Frömmigkeit viel Wesens machen und, indem sie Unrecht wie Wasser trinken, sich in der Rechtgläubigkeit für Auserwählte gehalten wissen wollen«. (17, S. 359)

»... so ist die Idee eines Weltbürgerrechts keine phantastische und überspannte Vorstellungsart des Rechts, sondern eine notwendige Ergänzung des ungeschriebenen Kodex sowohl des Staats- und Völkerrechts zum öffentlichen Menschenrechte überhaupt und so zum ewigen Frieden, zu dem man sich in der kontinuierlichen Annäherung zu befinden nur unter diesen Bedingungen schmeicheln darf.« (17, S.360)

Die republikanische Idee

S ist interessant, daß Kant dabei dem inneren Zustand eines Staates große Bedeutung beimißt. Ausgehend von seiner Geschichtsauffassung, daß Kriege Ausdruck eines noch rohen, barbarischen, von blind wirkender Naturkausalität beherrschten »Naturzustandes« der Menschheit sind, in dem der Vernunftgebrauch noch kaum entwickelt ist, wird wiederum das Problem der »Stiftung« (Gründung) eines gesetzlichen Zustandes aufgeworfen. Eine solche Gesellschaft nennt Kant republikanisch. So lautet der 1. Definitivartikel: »Die bürgerliche Verfassung in jedem Staate soll republikanisch sein.« (17, S. 349) — und zwar republikanisch 1.) nach Prinzipien der Freiheit der Glieder einer Gesellschaft (als Menschen), 2.) nach Prinzipien der Abhängigkeit aller von einer einzigen gemeinsamen Gesetzgebung (als Untertanen) und 3.) nach dem Gesetz der Gleichheit derselben (als Staatsbürger). Kant bezeichnet den Republikanismus als »bloße Idee«, die, unabhängig von konkreten Regierungsformen, anzustreben sei. In der genaueren Ausführung seiner gesellschaftlichen Auffassung in dieser Schrift, mehr noch in der »Metaphysik der Sitten« (Rechtslehre; 1798), zeigt es sich, daß Kant unter Republikanismus keineswegs allgemeine Demokratie versteht, wie etwa Rousseau in seiner Lehre vom Gesellschaftsvertrag, sondern eine Staatspraxis, die durch eine strenge, für alle verbindliche Gesetzgebung und Gewaltenteilung sozusagen »von oben« gehandhabt wird. Bei Rousseau wird die »volonté générale« (der allgemeine Wille) durch aktives demokratisches Zusammenwirken des Volkes »von unten« konstituiert. Keiner ist mehr Untertan. Bei Kant jedoch tritt das allgemeine Recht als ein für allemal gegebenes System von Vernunftprinzipien auf — es kann weder »Erlaubnisgesetze« noch ein Gewohnheitsrecht geben: die Rechtsgrundlage existiert a priori, da vom Sittengesetz fundiert. So müsse auch die republikanische Verfassung dem »reinen Quell des Rechtsbegriffs« entspringen; sie kann deshalb nicht Demokratie sein, d. h. Gesetzgebung und Gesetzesausführung von unten her durch Mehrheitsbeschluß, auf der bloßen Summierung der einzelnen Willen

beruhend. Dies sei auch eine Form des Despotismus, meint Kant, der Despotismus einer Mehrheit über eine Minderheit. Also nicht Mehrheitsbeschluß bestimme das Recht, sondern die Rechtsidee bestimmt sich selbst — sie ist autonom. Wie ist aber nun die Rechtsidee, die Wahrung der Menschenwürde, der Gleichheit und Freiheit, einzuhalten? Dies könne nur ein repräsentatives System — d. h. ein System der Gewaltenteilung: »Der *Republikanism* ist das Staatsprinzip der Absonderung der ausführenden Gewalt (der Regierung) von der gesetzgebenden; der Despotism ist das der eigenmächtigen Vollziehung des Staats von Gesetzen, die er selbst gegeben hat, mithin der öffentliche Wille, sofern er von dem Regenten als sein Privatwille gehandhabt wird.« (17, S. 352)

Da die Menschen auch durch auseinanderstrebende Interessen getrieben werden, sei eine Rechtsgründung ohne Gewalt nicht möglich. Die Menschheit müsse diszipliniert werden, um moralisiert werden zu können. Um aber andererseits die Gewalt nicht zur Willkür ausarten zu lassen, muß sie selbst eine Kontrolle erfahren: Sie darf als exekutive (ausführende) Gewalt nicht zugleich legislative (gesetzgebende) Gewalt sein. Das muß sich auch in der Staatsform widerspiegeln.

Bei der konkreten Ausführung des Republikanismus kommt Kants bürgerlicher und noch dazu für die deutschen Verhältnisse typischer Horizont klar zum Ausdruck. Seine Staats- und Rechtsauffassung enthält trotz ihrer allgemein-humanistischen Ideale Elemente, die sie zum Anknüpfungspunkt eines konservativen Liberalismus im 19. Jahrhundert werden ließen.

In der »Metaphysik der Sitten« unterschied er drei Gewalten: die Herrschergewalt (Souveränität) des Gesetzgebers: »Die gesetzgebende Gewalt kann nur dem vereinigten Willen des Volkes zukommen.« (26, S. 313) Alle Mitglieder des Volkes sind insofern gleiche und freie Staatsbürger. Trotzdem macht Kant eine Unterscheidung: Ein Charakteristikum des Staatsbürgers ist »das Attribut der bürgerlichen Selbständigkeit, seine Existenz und Erhaltung nicht der Willkür eines Andern im Volke, sondern seinen eignen Rechten und Kräften als Glied des gemeinen Wesens verdanken zu können . . .« (26, S. 314)

Immanuel Kant
im Jahre 1791.
Gemälde von Döbler

Diese »bürgerliche Selbständigkeit« besitzt aber nur, wer ein gewisses Eigentum besitzt und nicht in einem Dienstverhältnis steht. So gibt es Gesellen, Dienstboten, Unmündige, »alles Frauenzimmer« usw. Sie sind nur »passive« Staatsbürger — nicht aber aktive, d. h., sie haben kein Mitbestimmungsrecht in Staatsangelegenheiten. Kant stand somit im Prinzip auf dem Boden eines bürgerlichen Besitzwahlrechtes — eine übrigens nicht nur für das deutsche Bürgertum typische Haltung, wenn man bedenkt, daß der Kampf um die »Reformbill« (die Wahlrechtsreform) 1830 bis 1832 in England noch nicht zur Beseitigung des dort herrschenden Besitzwahlrechtes, nur zu seiner Milderung führte.

Neben der gesetzgebenden nennt Kant noch die vollziehende Gewalt des »Regierers« und die rechtsprechende Gewalt des Richters. In einem ursprünglichen Vertrag soll sich auf der Grundlage solcher Gewaltenteilung der Staat konstituieren. Damit verlasse der Mensch die wilde, gesetzlose Freiheit, »um seine Freiheit überhaupt in einer gesetzlichen Abhängigkeit, d. i. einem rechtlichen Zustande, unvermindert wieder zu finden, weil diese Abhängigkeit aus seinem eigenen gesetzgebenden Willen entspringt«. (26, S. 316)

Es ist aufschlußreich für die ideologische Situation des

Bürgertums in seiner aufstrebenden Periode, wie einer- Kants Grabmal
seits bei den bedeutenden Denkern dieser Klasse Ideen in Kaliningrad
entstehen, die in ihrer allgemeinen, abstrakt philosophischen Gestalt eine humanistische Tendenz enthalten, die
über die bürgerliche Gesellschaftsordnung bereits hinaus-
weist. Dazu gehören Kants Ideale einer sich vervollkomm-
nenden Menschheit, einer Achtung der Würde des Mensch-
seins und einer Welt ohne Kriege. Hier werden Ideen
verkündet, die unter sozialistischen und kommunistischen
Bedingungen ihre Realisierung finden.

Andererseits aber zeigt es sich: je konkreter die Antworten werden, die die politischen Fragen der Zeit erfor-
dern, um so konservativere Züge treten in den Ausfüh-
rungen auf. Der bürgerliche Charakter seiner politischen
Auffassung ist offenkundig.

In seinen letzten Lebensjahren arbeitete Kant mit Ener-
gie, trotz seiner zunehmenden körperlichen Schwäche, an
einem Werk, das als Opus postumum später veröffentlicht
wurde und den »Übergang von den metaphysischen An-
fangsgründen der Naturwissenschaft zur Physik« darstellen

sollte. Es ist nur fragmentarisch überliefert, zeigt aber ein recht imposantes Bild der Kantschen Bemühungen, die Probleme einer umfassenden Naturerkenntnis zu bewältigen und vor allem die Übergänge von allgemeinen theoretischen Sätzen zur Empirie, d. h. das Problem verschiedener theoretischer Verarbeitungsstufen, zu erfassen.

Dennoch zeigt das Fragment, daß Kants Geisteskräfte zu schwinden begannen. 1797 stellte Kant seine Vorlesungstätigkeit ein, und 1801 schied er aus dem akademischen Senat aus. Die letzten Lebensjahre sind vom körperlichen und geistigen Verfall überschattet.

Am 12. Februar 1804 starb Immanuel Kant. Unter großer Anteilnahme der Königsberger Bevölkerung, der akademischen Lehrer und der Studenten der Universität wurde der Philosoph am 28. Februar 1804 zu Grabe getragen.

In der Stadt Immanuel Kants finden wir heute wenige zeitgenössische Zeugnisse seines Lebens und Schaffens. Königsberg wurde im Verlauf der Ereignisse des zweiten Weltkrieges im Frühjahr 1944 zu 90 Prozent zerstört. Erhalten geblieben ist — wenn auch während des Krieges stark in Mitleidenschaft gezogen — Kants Grabmal, das heute unter Denkmalschutz der Stadt Kaliningrad steht und von der Bevölkerung sorgfältig gepflegt wird.

Kritische Auswertung
der Philosophie Kants

ANTS Lebenswerk mußte verständlicherweise große Auswirkungen auf die folgende ideologische Entwicklung haben. Bereits zu Kants Lebzeiten kam es zu lebhaften Auseinandersetzungen um seine Philosophie, und es schieden sich sowohl Anhänger als auch Gegner seines Transzendentalismus. Zu den bedeutendsten Kritikern Kants gehörten Herder und Friedrich Heinrich Jacobi (1743—1819). Herder war Vertreter einer pantheistischen Weltanschauung, die das göttliche Prinzip in der Natur

vermutete und sich der theoretischen Quelle nach eng an
Spinoza anschloß. Dieser Pantheismus, dem auch Goethe
nahestand, näherte sich in vielen Fragen einer materialistischen Interpretation der Natur und des Menschen, so
auch in der Auffassung vom Erkenntnisprozeß. In der Religionskritik erlangte diese philosophische Richtung jedoch
nicht den Kantschen Radikalismus, der ja jeglichen Gottesbeweis als unmöglich bezeichnete.

Herder hatte 1799 sein Buch »Verstand und Erfahrung,
Vernunft und Sprache, eine Metakritik zur Kritik der reinen Vernunft« veröffentlicht, in dem er sich scharf gegen
Kants Apriorismus und Agnostizismus wandte. Auch Jacobi
kritisierte Kants Agnostizismus, vor allem aber auch dessen
Pflichtethik. Jacobi betonte gegenüber dem strengen und
formalen »kategorischen Imperativ« Kants die Bedeutung
des »menschlichen Gemüts« (des Gefühlslebens), bekannte
sich zum Theismus des Christentums und lenkte auf diese
Weise wieder in mystische Bahnen bei der Bestimmung
des Menschen ein. Seine Kant-Kritik machte aber deutlich,
was hundert Jahre später der Neukantianismus gern ver-
schleiern wollte, daß nämlich die Kantsche Philosophie,
auch die Moralphilosophie, sich in ihrer Zeit als ein Schlag
gegen die Dogmen des Christentums erwies, ja darüber
hinaus durch ihre Reduzierung des Religiösen auf Moral

Johann Wolfgang von
Goethe (1749—1832).
Gemälde von Stiehler

eigentlich keinen Raum mehr für einen transzendenten,
personifizierten Gott bot.

Goethe stand Kants Philosophie zunächst sehr distan-
ziert gegenüber. Er erkannte aber besonders nach dem
Erscheinen der »Kritik der Urteilskraft«, und auch aufgrund Schillers Einfluß, Kants große Leistung vollauf an.
So rühmt er in einem seiner Briefe 1830 die »grenzenlosen
Verdienste unseres alten Kant um die Welt...« Goethe
schließt sich in verschiedenen Fragen der Kunst- und Naturauffassung an, wie sie in der »Kritik der Urteilskraft« ver-
treten wird. Er kritisiert jedoch auch Kants Isolierung der
reinen Vernunft von der realen Wirklichkeit, so daß diese
Vernunft »nie eigentlich zum Objekt« komme. (27, S. 616)

Mit dieser Problemstellung wird ein Punkt berührt, der
in der weiteren Entwicklung der klassischen deutschen
Philosophie als Mangel empfunden wird und überwunden
werden soll. Alle Vertreter des klassischen deutschen Idealismus gehen zwar auf Kant unmittelbar zurück, wollen
aber seinen Dualismus von Vernunft und Wirklichkeit
überwinden und damit einen Grundwiderspruch des Kantschen Systems beseitigen. Sie vermochten gerade durch
diese kritische Distanz zu Kants Philosophie seine Leistung weit fruchtbarer aufzubewahren als einige »ortho-
doxe« Kantianer auf deutschen Universitäten, die den

»Meister« nur nachbeteten, ohne die Widersprüche seiner Philosophie begreifen und überwinden zu können, und die ihn deshalb geradezu verflachen mußten.

Fichte will Kants Dualismus überwinden, indem er das Objekt zum ausschließlichen Produkt der »Tathandlung« des Subjekts erklärt (das Ich setzt in einer ursprünglichen Tathandlung sich selbst und das Nicht-Ich, d. h., der Mensch bestimmt sich selbst und die gesamte ihn umgebende Wirklichkeit).

Schelling vollzieht den Übergang zum objektiven Idealismus, indem er in seiner Identitätsphilosophie Natur und Subjekt als identische Wesenheit setzt und somit ein spinozistisches Element aufnimmt.

Hegel faßt die Entwicklung der konkreten Wirklichkeit als Entäußerungsgeschichte der Vernunft, eines objektiven geistigen Prinzips auf, das auf diese Weise über verschiedene historische Stufen zum »absoluten Wissen« und damit zum Selbstbewußtsein gelangt.

All diese bedeutendsten Nachfolger Kants führen auf ihre Weise wichtige Denkansätze weiter und bewahren den wesentlichen weltanschaulichen Gehalt des Kantschen Lebenswerkes, seinen Versuch, Metaphysik als Wissenschaft von den höchsten Zwecken menschlicher Vernunft zu gestalten. Dieser Versuch zielte immer darauf, das Wesen des Menschen und seine geschichtliche Tat zu bestimmen.

Bei der weiteren Bearbeitung dieser zentralen Problematik und zugleich in Auswertung der historischen Erfahrungen der bürgerlichen Bewegung in der Epoche des Übergangs vom Feudalismus zum Kapitalismus, besonders der Erfahrungen der Französischen Revolution, ergab sich auch die Möglichkeit, tiefere Einsichten in die dialektischen Gesetzmäßigkeiten der Geschichte zu erlangen und die Dialektik nicht nur spontan widerzuspiegeln, sondern darüber hinaus als eine bewußt gehandhabte und kategorial ausgearbeitete Methode herauszubilden, wie sie uns zunächst in idealistischer Gestalt in Hegels Philosophie überliefert ist. Hegel, der es unternahm, die Dialektik in grundlegenden Gesetzesaussagen und Kategorien umfassend auszuarbeiten und der die gesamte Wirklichkeit als einen dialektischen Prozeß der Höherentwicklung auffaßt, der rückblickend im System der dialektischen Kategorien bewußt gemacht wurde, betont wiederholt Kants Verdienste in dieser Frage, kritisiert aber zugleich dessen Halbheit bei der Auffassung von der Dialektik: »*Kant* hat die Dialektik höher gestellt — und diese Seite gehört unter die größten seiner Verdienste, — indem er ihr den Schein von Willkür nahm, den sie nach der gewöhnlichen Vorstellung hat, und sie als *ein notwendiges Tun der Vernunft* darstellte ... Kants dialektische Darstellungen in den Antinomien der reinen Vernunft verdienen zwar, wenn sie näher betrachtet werden ... freilich kein großes Lob; aber die allgemeine Idee, die er zugrunde gelegt und geltend gemacht hat, ist die *Objektivität des Scheins* und *Notwendigkeit des Widerspruchs,* der zur *Natur* der Denkbestimmungen gehört ...« (23, S. 38)

Hegel bewahrt vor allem die bei Kant vorhandenen starken Ansätze einer historischen Betrachtungsweise der Natur und der Gesellschaft auf, die bei Kant allerdings auf die Betrachtung der »empirischen Welt« beschränkt bleiben, während das Vernunftvermögen völlig ahistorisch aufgefaßt wird. Aber Kants Auffassung vom tätigen, widersprüchlichen und mühevollen Weg der Menschheit zu immer größerer moralischer Vollkommenheit und Freiheit war ein theoretischer Anknüpfungspunkt für die weitere Entwicklung der klassischen deutschen Philosophie. Hegel konnte von dieser Vorleistung ausgehend die Erfahrungen der bürgerlichen Bewegung besonders in der Phase nach der Französischen Revolution theoretisch verallgemeinern und weit tiefere Einsichten in die gesellschaftlichen Zusammenhänge und Entwicklungsprozesse erlangen. Die historische Methode wird von ihm weit konsequenter, wenn auch noch idealistisch verkehrt, angewendet, indem er auch die Formen der Vernunft in ihrer historischen Entwicklung untersucht, und zwar in seiner »Phänomenologie des Geistes« (1806) zum ersten Male systematisch. Hegel betrachtet aber die Vernunft als ein objektives, universelles geistiges Prinzip, das in seiner Entfaltung die Wirklichkeit in ihren konkreten Formen (Natur und Gesellschaft) aus sich herausproduziert. In dieser Beziehung errichtet er wieder ein metaphysisches System, während doch Kant mit seiner Bestimmung der Philosophie als Wissenschaft von der *menschlichen* Vernunft derartige metaphysische Systeme,

die meinten, das »Absolute« umfassen zu können, zerschlagen hatte. So erfolgt bei Hegel, wie Marx sich aus-
drückt, eine »gehaltvolle Restauration der Metaphysik«.
(28. S. 132).

In der ideologischen Vorbereitungsphase der Revolution
von 1848 erwies sich der Idealismus der klassischen philosophischen Systeme letztlich als ungeeignet, die Probleme
der gesellschaftlichen Veränderungen weiterhin im progressiven Sinne aufzuwerfen. Die Junghegelianer versuch-
ten zwar durch ihre Religionskritik und ihre Kritik des
preußischen Staatswesens noch eine politische Radikalisierung auf idealistischer Grundlage zu erreichen, letztlich
scheiterten sie aber an ihrem Unvermögen, die idealistische
Entgegensetzung einer »kritischen Vernunft« gegenüber der
realen Wirklichkeit zu überwinden.

Vor allem traten in der Vorbereitungsphase der Revolution von 1848 in Deutschland, aber auch in Frankreich
und anderen Ländern, die Volksmassen bereits mit eigenen
Forderungen auf den Plan. Damit ergab sich für eine
weitere philosophische Behandlung der Probleme der ge-
schichtgestaltenden Rolle des Menschen die historische
Möglichkeit und Notwendigkeit, diese Fragen vom Standpunkt der Arbeiterklasse aus aufzuwerfen und zu bear-

Ludwig Feuerbach
(1804—1872).
Stich von Weger

beiten. Dies geschah durch Marx und Engels, und zwar
nunmehr von einem konsequent materialistischen Standpunkt aus.

Die erste materialistische Umkehrung in der Behandlung
dieser Fragen war bereits durch Feuerbach erfolgt, der den
Materialismus wieder auf den Thron erhob, ihn für die Kritik der Religion als verkehrter, phantastischer Widerspiegelung der Wirklichkeit und für die Bestimmung des Menschen als eines Wesens »von Fleisch und Blut« einsetzte.
Feuerbach behält das Problem des Menschen in seinen
gesellschaftlichen Beziehungen als ausgesprochen zentrale
Thematik der Philosophie bei, indem er eine neue »Anthropologie« begründen will. Aber gerade bei der Behandlung
der Gesellschaft und der Geschichte zeigte es sich, daß auch
er den Idealismus nicht völlig überwinden konnte, denn
er begriff nicht die Rolle der gesellschaftlichen Praxis für
die Erklärung der geschichtlichen Prozesse und leitete die
Gestaltung gesellschaftlicher Beziehungen aus einem abstrakten Gattungswesen des Menschen ab.

Ihre wissenschaftliche Lösung fanden diese Probleme
durch Marx und Engels. In der marxistischen Philosophie
hat demnach auch Kants Leistung ihre dialektische Auf-
hebung und Heimstatt gefunden. Freilich nicht, indem sich

der Marxismus mit dem Kantianismus verbunden hat, wie heute von bürgerlichen und revisionistischen Theoretikern mitunter behauptet wird, sondern indem die Problemansätze auf eine völlig neue Weise und vom Standpunkt der Arbeiterklasse aus aufgegriffen und in Gestalt einer wissenschaftlichen Weltanschauung ausgearbeitet wurden. In einem seiner frühen Artikel »Fortschritte der Sozialreform auf dem Kontinent« (1843) schrieb Engels, daß alle Bemühungen der klassischen deutschen Philosophie von Kant bis Hegel nutzlos und schlimmer als nutzlos seien, wenn sie nicht im Kommunismus enden würden. (1, S. 495) Damit drückt Engels aus, daß die Probleme des tätigen, sich selbst bestimmenden und seine Geschichte gestaltenden Menschen vom kommunistischen Standpunkt aus bearbeitet werden müssen. Gleichzeitig sahen Marx und Engels, daß die klassische deutsche Philosophie Bedeutendes gerade durch die philosophische Behandlung der Geschichte und damit der dialektischen Prozesse geleistet hatte. Sie betrachteten diese Systeme schon deshalb als eine ihrer wichtigsten philosophischen Quellen, weil auch sie bei der Erarbeitung der Weltanschauung der Arbeiterklasse vor der Aufgabe standen, vorrangig eine, nunmehr wissenschaftliche, Antwort auf die Fragen nach dem Wesen der gesellschaftlichen Prozesse zu geben. Der Marxismus entstand seit seiner ersten Entwicklungsphase notwendig als wissenschaftliche Gesellschaftsauffassung, als historischer Materialismus, denn hier wurden wichtige Grundlagen gelegt, um auch alle anderen philosophischen Fragen, so auf dem Gebiet der Erkenntnistheorie, der Ethik, Ästhetik und auch Fragen der Entwicklung naturwissenschaftlichen Wissens und seiner weltanschaulichen Verallgemeinerung wissenschaftlich lösen zu können.

Während die Vertreter des klassischen deutschen Idealismus und in gewisser Beziehung selbst noch Feuerbach wesentlich von geistigen Triebkräften der Geschichte ausgingen und den Menschen primär als Vernunftwesen bestimmten, orientierten sich Marx und Engels aufgrund ihrer Parteinahme für die Arbeiterklasse auf die Analyse der Situation dieser Klasse. Die Orientierung auf die Untersuchung der sozialökonomischen Stellung der Arbeiterklasse im Produktionsprozeß und die sich daraus ergebende Einsicht in die historische Rolle der Arbeiterklasse ermöglichte ein tiefes theoretisches Eindringen in Wesen und gesellschaftliche Bedeutung des materiellen Arbeitsprozesses, in die Struktur der kapitalistischen Produktionsverhältnisse und somit wiederum Rückschlüsse auf allgemeine gesellschaftliche Gesetzmäßigkeiten. Von hier aus wurden auch die Fragen des menschlichen Bewußtseins, die ja in der klassischen deutschen Philosophie und speziell auch bei Kant eine so große Rolle spielten, erstmals wissenschaftlich klärbar und der Idealismus zum ersten Male in der Geschichte der Philosophie gründlich widerlegt.

Der Neukantianismus –
ein »Zurück zu Kant«?

E S erscheint auf den ersten Blick absurd, angesichts dieser progressiven Linie der Auswertung der von Kant eingeleiteten klassischen deutschen Philosophie, daß nach der bürgerlich-demokratischen Revolution von 1848 eine konservativ-liberale Richtung in der bürgerlichen Philosophie auftrat mit dem Anspruch, Kants Erbe zu sein. Es handelt sich um den Neukantianismus, der in den sechziger Jahren des vorigen Jahrhunderts entstand und sich schnell in verschiedenen Varianten ausbreitete und bis in die Gegenwart hinein Auswirkungen besitzt, obwohl er schon lange nicht mehr als eigenständige philosophische Richtung gelten kann.

Unmittelbar eröffnet wurde diese Entwicklung durch zwei Werke: Otto Liebmanns (1840—1912) Schrift »Kant und die Epigonen« (1865) und Friedrich Albert Langes (1828—1875) »Geschichte des Materialismus« (1866). Aber bereits vorher gab es Anzeichen einer »Besinnung« auf Kant, so bei Arthur Schopenhauer (1788—1860), bei dem bekannten Physiker und Physiologen Hermann Ludwig Ferdinand von Helmholtz (1821—1894) in seinem Aufsatz »Über das Sehen des Menschen« (1855) und in einem Aufsatz von Eduard Zeller (1814—1908) »Über Bedeutung und Aufgabe der Erkenntnistheorie« (1862). Trotz mancher unterschiedlicher Auffassungen in konkreten Fragen der Erkenntnistheorie und der Interpretation der Kantschen Philosophie war den Begründern des Neukantianismus gemeinsam, daß sie Kants Erkenntnistheorie einseitig aufgriffen, sie aus dem Zusammenhang des Gesamtsystems der Kantschen Philosophie lösten und damit zugleich den historischen Bezug der Kantschen Philosophie zur bürger-

Hermann Ludwig
Ferdinand von Helmholtz
(1821—1894)

lichen Aufklärungsbewegung des 18. Jahrhunderts igno-
rierten. So wurde es möglich, daß Kants Begriff der
»erkennenden Vernunft«, der von ihm ausdrücklich als
Ausdruck für gesellschaftlich gültiges Erkenntnisvermögen
interpretiert und zur festen Begründung des Wissens gegenüber jeglichem Subjektivismus, Spekulationen und
Glauben entwickelt wird, umgedeutet werden konnte. Die
Neukantianer gaben vor, von Kants Positionen auszugehen,
erklärten aber das Erkenntnisvermögen gänzlich subjek-
tivistisch und relativistisch. Aufgrund dessen waren sie
auch bestrebt, das »Ding an sich«, das in Kants Konzeption
immerhin eine wichtige Funktion als Nachweis für die
Gegebenheit eines Gegenstandes besitzt, möglichst zu eli-
minieren. Vor allem diese erste Strömung des Neukantianismus, die von einer subjektiv-idealistischen Deutung
sinnesphysiologischer Tatsachen ausging, versuchte Kant
auf den Entwicklungsstand Berkeleys und Humes herun-
terzudrücken.

Es erhebt sich natürlich die Frage, wie ein in seiner Zeit
so progressiv wirkendes Werk, das aus bürgerlich-humanistischen Bestrebungen heraus geschaffen worden war,
einer konservativ-liberalen, reaktionär gewordenen Bourgeoisie in der zweiten Hälfte des 19. Jahrhunderts dienlich
werden konnte. Nichts wäre verkehrter, als diese Erschei-

GESCHICHTE

DES

MATERIALISMUS

UND KRITIK

SEINER BEDEUTUNG IN DER GEGENWART

VON

FRIEDRICH ALBERT LANGE.

ISERLOHN.
VERLAG VON J. BAEDEKER
1866

nung der Kantschen Philosophie selbst anzulasten. Der Neukantianismus bewahrte keineswegs den »originalen Kant« auf, sondern deutete ihn auf seine Weise und verfälschte sowohl das ideologische Anliegen als auch oftmals den theoretischen Aussagegehalt. So trat der Neukantianismus auch von vornherein mit der ausgesprochenen Absicht auf, Kant »zu verbessern«, besonders durch eine Kritik des »Dinges an sich«.

Charles Darwin
(1809—1882)

Damit wird jedoch eine grundsätzliche Schwäche des
Kantschen Systems angegriffen, eine Schwäche, die aber
historisch verständlich wird aus einer Stärke der Kantschen
Philosophie: aus dem Versuch, das aktive menschliche Subjekt in seiner die Wirklichkeit bestimmenden und formen-
den Funktion zu erfassen, zugleich aber die Wirklichkeit
in ihrem »An-sich-sein« bestehen zu lassen. Lenin hat
diesen Charakterzug der Kantschen Philosophie wiederholt
als einen Kompromiß zwischen Materialismus und Idealismus treffend gekennzeichnet und hier mögliche Angriffs-
punkte »von links«, aber auch »von rechts« gesehen:
»Wegen dieser Halbheit führten sowohl die konsequenten
Materialisten als auch die konsequenten Idealisten (und
ebenso die »reinen« Agnostiker, die Humeisten) einen scho-
nungslosen Kampf gegen ihn. Die Materialisten machten
Kant seinen Idealismus zum Vorwurf ... Die Agnostiker
und Idealisten machten Kant seine Annahme des Dinges
an sich als Zugeständnis an den Materialismus ... zum
Vorwurf ...« (21, S. 195)
Diese Kritik »von rechts« erwies sich als eine Waffe
gegen den philosophischen Materialismus überhaupt, wie
er sich in wissenschaftlicher Gestalt als marxistische Philosophie zunehmend in der Arbeiterbewegung ausbreitete,
zunächst aber noch unmittelbarer als Waffe gegen einen

mechanischen Materialismus, der sich zumindest noch in
vulgärer Form bei vielen Naturwissenschaftlern vorfand,
die ihn, wie z. B. Karl Vogt (1817—1895) und Ludwig
Büchner (1824—1899), mit bürgerlichen Ideen der Revo-
lutionsjahre verbanden.

Starken Auftrieb hatte eine materialistische Interpretation der Natur vor allem aufgrund der Durchsetzung des
Entwicklungsgedankens im organischen Bereich erhalten.
Dies zeigte sich bereits 1854 im sogenannten »Materialis-
musstreit« auf der Göttinger Naturforscherversammlung.
Hier standen sich materialistische und idealistische Konzeptionen in der Frage der Abstammung des Menschen
gegenüber. Die materialistische Auffassung von der Entstehung der Tierarten und der Abstammung des Menschen
aus dem Tierreich erhielt eine umfassende naturwissenschaftliche Grundlage durch Charles Darwin (1809—1882),
dessen Buch »Die Abstammung des Menschen und die
geschlechtliche Zuchtwahl« 1871 erschien. Darwins Auffassungen wurden in Deutschland durch Ernst Haeckel
(1834—1919) verbreitet. Wenn auch der Kampf der reak-
tionären Kreise gegen die materialistische Entwicklungs-
lehre an vorderster Front durch die Kirche, besonders die
evangelische Kirche, geführt wurde, die dem von Haeckel
1906 gegründeten Monisten-Bund ein Jahr später den reak-

tionären Kepler-Bund entgegenstellte, so war doch auch dem Neukantianismus eine wichtige Position als Barriere gegen den philosophischen Materialismus zugedacht. In dem Versuch der Neukantianer, ausgerechnet Kant als Kronzeugen gegenüber der Entwicklungstheorie aufzurufen, zeigt sich deutlich das Unvermögen dieser Strömung, Kants Leistung umfassend schätzen und einordnen zu können. Hatte doch gerade Kant mit seiner Kosmogonie eine entscheidende Bresche in das metaphysische Weltbild geschlagen und den Entwicklungsgedanken in die Naturbetrachtung eingeführt. Auch Kants Geschichtstheorie zeigt deutlich, in welchem Maße der Philosoph in der Lage war, historischen Sinn zu entwickeln und ihn auch noch in seiner sogenannten »kritischen« Periode zu bewahren, zumindest als ein hypothetisches Prinzip für die Erklärung der Entwicklungsprozesse im »empirischen« Bereich, während allerdings der Vernunftbegriff völlig ahistorisch aufgefaßt wird.

Aufgrund des Kantschen Dualismus, der für die empirische Welt die Möglichkeit einer dialektischen Interpretation in den zeitbedingten Grenzen der damaligen Wissenschaftsentwicklung zuließ, aber für die intelligible Welt eine ahistorische und a priori gesetzte Vernunft annahm, war es gleichzeitig möglich, Kant sowohl in der einen als auch in der anderen Weise als Anknüpfungspunkt zu betrachten. Die größte Stärke der Kantschen Philosophie der »kritischen« Periode, sich auf die Selbstbestimmung des Subjekts aufgrund seines Vernunftvermögens und auf die Analyse der aktiven Aneignung der Wirklichkeit durch den Menschen zu orientieren, bot zugleich in dieser von Kant gewählten Form eines Dualismus von reiner Vernunft einerseits und empirischer Welt andererseits, sowie durch die Bestimmung dieser empirischen Welt als bloße Erscheinungswelt (denn die Dinge bleiben ja »an sich« unerkennbar) die Möglichkeit einer extremen subjektiv-idealistischen Auslegung.

Freilich ist Kants Philosophie nicht die einzige theoretische Quelle gewesen, deren Schwächen vom Neukantianismus und auch weiteren spätbürgerlichen Strömungen ausgenutzt wurden. Schon die folgende Entwicklungsetappe des Neukantianismus zeigte, daß es durchaus nicht um ein vorbehaltloses »Zurück zu Kant« gehen konnte, sondern um die Verteidigung handfester reaktionärer Interessen einer korrupt gewordenen Bourgeoisie, die sich mit den feudalen Kräften verbündet hatte.

In den siebziger bis neunziger Jahren des vorigen Jahrhunderts wurde eine umfangreiche Kantforschung aufgebaut und der Versuch unternommen, Kants philosophisches Gesamtsystem zum Anknüpfungspunkt einer neuen weltanschaulichen Grundlage für das konservative Bürgertum zu nutzen. So entwickelte vor allem Paul Natorp (1854 bis 1924) neben einer subjektiv-idealistischen Erkenntnistheorie eine objektiv-idealistische Tendenzen enthaltende »Sozialethik«, d. h., er versuchte die Realisierung einer gesellschaftlich wirksamen Sittlichkeit als Harmonie von Gesellschaft und Individuum nachzuweisen, wobei ihm der preußische Staat als Vorbild diente. Hier wird somit Kants auf Gesellschaftsveränderung gerichtete Ethik als gesellschaftskonservierende Lehre gedeutet; es wird auch auf andere Philosophen zurückgegriffen, so u. a. auf Platon.

Bald zeigte es sich deutlich, daß der Neukantianismus keine so einheitliche Linie bewahren konnte, sondern mit verschiedenen Mitteln und Auslegungen Kants arbeiten mußte, um seinen Einfluß zu erhalten und zu stärken. Um die Jahrhundertwende bildeten sich ausgesprochene Schulen heraus, die unterschiedliche Akzente in ihrem Kampf gegen die weltanschaulichen Grundlagen des Marxismus setzten. Neben der von Hermann Cohen (1842—1918) begründeten Marburger Schule, die vor allem Kants Apriorismus erkenntnistheoretisch weiter ausbaute, trat in der Südwestdeutschen Schule eine für den Übergang zur imperialistischen Phase des Kapitalismus typische Orientierung ein. Es wurde auf Festigung einer politisch-reaktionären, idealistischen Weltanschauung hingearbeitet, indem es diesen Ideologen um ein System »absoluter Werte« der Kultur, um Aufwärmung und Etablierung der bürgerlichen Ideale »Freiheit, Gleichheit, das Gute, das Schöne« usw. ging, die unzulässig aus der Periode des noch revolutionären und aufstrebenden Bürgertums zu Kants Zeiten in die Phase des beginnenden Imperialismus verpflanzt und damit zu inhaltsleeren Floskeln herabgewürdigt und zu ideologischen Mitteln der Konservierung reaktionärer Gesellschaftszustände mißbraucht wurden. Um einen Übergang zum objektiven Idealismus zu erreichen, sollte der Neukantianismus mit dem Neuhegelianismus verbunden werden. Dies forderte 1910 der Begründer dieser Schule Wilhelm Windelband (1848—1915) in seiner programmatischen Rede »Die Erneuerung des Hegelianismus« vor der Heidelberger Akademie.

Eine spezielle Strömung, die eigentlich mehr auf Berkeley und Hume als auf Kant zurückgriff, wurde von dem Wiener Physiker Ernst Mach (1838—1916) begründet. Es handelt sich um den sogenannten Empiriokritizismus, der sich ebenfalls bemühte, Elemente der Kantschen Erkenntnistheorie psychologistisch und positivistisch umzudeuten und das »Ding an sich« als unbrauchbar zu verwerfen. Lenin setzte sich in seinem Werk »Materialismus und Empiriokritizismus« 1908 mit dem Machismus gründlich auseinander, zumal diese Strömung über das Wirken von A. Bogdanow (1873—1928) u. a. Eingang in die russische Sozialdemokratie gefunden hatte. Lenins Werk ist ein Dokument gründlicher und kämpferischer marxistischer Auseinandersetzung nicht nur mit dieser speziellen Strömung und ihren theoretischen Quellen, sondern zeigt zugleich wesentliche Ursachen für die weltanschauliche Krise der bürgerlichen Philosophie in der beginnenden imperialistischen Phase auf. Als eine der wichtigsten Ursachen weist Lenin das Unvermögen der bürgerlichen Philosophie nach, mit den neuen Fragen der naturwissenschaftlichen Forschung (besonders auf dem Gebiet der Atomphysik) zurechtzukommen, ein Unvermögen, das sich nicht nur aus fehlerhafter Denkweise auf weltanschaulichem Gebiet ergab, sondern in erster Linie der unversöhnlichen Feindschaft gegenüber jeglichem Materialismus entspringt.

Neukantianismus und Revisionismus

Lenins Werk war von großer Bedeutung für den Kampf gegen den philosophischen Revisionismus, der sich bereits in den letzten zwei Jahrzehnten des 19. Jahrhunderts in der Arbeiterbewegung ausgebreitet und in der II. Internationale eine einflußreiche Position innehatte. Da der

Revisionismus keine eigene philosophische Lehre entwikkelt, sondern nur eine Abart der herrschenden bürgerlichen Strömungen ist, und zwar die Art und Weise, wie die bürgerliche Ideologie innerhalb der Arbeiterbewegung Einfluß nimmt, verwundert es nicht, daß besonders der damals herrschende Neukantianismus in der II. Internationale Boden gewann und sich lange Zeit als bedeutendste philosophische Grundlage des Reformismus behaupten konnte.

Titelblatt der Erstausgabe von Lenins Werk »Materialismus und Empiriokritizismus«, 1909

Wegbereitend für den Einfluß des Neukantianismus auf die Arbeiterbewegung war vor allem Langes »Geschichte des Materialismus«. Auch die Auffassungen des neukantianischen Soziologen Karl Vorländer (1860—1928), der Kantianismus und Marxismus verquicken wollte, spielten eine Rolle beim. Eindringen bürgerlicher Philosophie in die Sozialdemokratie. Völlig zutreffend wurden diese Ideologen, die die bürgerliche Philosophie zur Begründung eines reformistisch aufgefaßten »Sozialismus« benutzten, »Ketheder-Sozialisten« genannt, da sie von außen her, vom

Außerordentlich aktiv im Kampf gegen den Revisionismus trat Rosa Luxemburg auf. Faksimile eines Artikels, der 1898 in der »Leipziger Volkszeitung« erschien

Katheder der Universitäten und Gymnasien, der Arbeiterklasse ihre bürgerlichen Vorstellungen predigten und somit die Aneignung der wissenschaftlichen Weltanschauung durch die Arbeiterklasse sehr erschwerten.

Großen Einfluß in der II. Internationale gewann Eduard Bernstein (1850—1932). Er versuchte, den Neukantianismus in Gestalt eines »ethischen« (von allgemein menschlichen Werten ausgehenden) Sozialismus in Verquickung mit politischem Reformismus in die Arbeiterbewegung einzuschmuggeln und dem Siegeszug des Marxismus entge-

Die Neue Zeit

Revue

des

geistigen und öffentlichen Lebens

Erster Jahrgang

Stuttgart
Druck und Verlag von J. H. W. Dietz
1883

Titelblatt der Zeitschrift »Neue Zeit«. Diese Zeitschrift entwickelte sich in den neunziger Jahren mit Artikeln von F. Engels, A. Bebel, F. Mehring und K. Kautsky zu einem führenden theoretischen Organ auch der internationalen Arbeiterbewegung

Franz Mehring
(1846—1919)

genzustellen. Besonders gefährlich war in dieser Variante die Leugnung eines konsequenten Klassenkampfes zum radikalen Sturz der kapitalistischen Ordnung und zur Errichtung der Diktatur des Proletariats unter Führung einer marxistischen Partei.

Konsequente Marxisten wie Georgi Walentinowitsch Plechanow (1856—1918) und Franz Mehring (1846—1919) sahen deshalb eine ihrer Hauptaufgaben im Kampf gegen die Einflüsse des Neukantianismus. Plechanow schrieb: »Die Bourgeoisie hofft in Kants Philosophie ein Opium zu finden, durch das sie das Proletariat einschläfern möchte, das immer begehrlicher und unlenksamer wird. Der Neukantianismus ist für die herrschende Klasse gerade deswegen in Mode gekommen, weil er ihr eine geistige Waffe im Kampf ums Dasein liefert.« (29, S. 145)

Auch Franz Mehring, Rosa Luxemburg (1871—1919), Anton Pannekoek (1873—1960) und andere traten in kämpferischen Artikeln gegen den Revisionismus auf, der neben dem Neukantianismus auch noch in anderen Spielarten vorhanden war, so z. B. in Gestalt des Sozialdarwinismus. Aufgrund seiner umfassenden Kenntnisse der Geschichte der Philosophie hat sich besonders Franz Mehring große Verdienste im Kampf gegen die Neukantianer und bei der historischen Wertung und Einordnung der Kantschen Philosophie erworben, so u. a. in seiner »Lessing-legende« (1899). Aus der Frontstellung gegenüber dem Neukantianismus, die sich im ersten Jahrzehnt unseres Jahrhunderts im Zusammenhang mit dem Einfluß des Bernsteinschen Revisionismus notwendig verschärfte, ist erklärlich, daß in den folgenden Artikeln Mehrings, in denen auf Kants Philosophie eingegangen wurde, die Her-ausarbeitung der Schwächen dieser Philosophie und damit die Polemik gegen den Idealismus und Agnostizismus im Vordergrund stehen mußte. Weniger beachtet wurde die Herausarbeitung der Seiten der Kantschen Philosophie, die über den damals erreichten Stand in der Mitte des 18. Jahr-hunderts hinausführten. Dies betrifft besonders die Würdi-gung der Behandlung der »tätigen Seite« bei der Bearbei-tung der Problematik des Menschen und seiner Geschichte.

Trotz gewisser Verdienste um die Erforschung und Her-ausgabe der Kantschen Werke und besonders seines hand-schriftlichen Nachlasses vermochte der Neukantianismus nicht, Kants Leistungen historisch richtig einzuordnen und aufzubewahren. Es entstand zwar in der Folgezeit eine wahre Flut an Kant-Literatur; eine Kant-Gesellschaft wurde am 22. April 1904 gegründet, und seit 1896 er-scheint bis in die Gegenwart (in der BRD) eine philoso-phische Zeitschrift mit dem Titel »Kant-Studien« — aber bereits im zweiten Jahrzehnt unseres Jahrhunderts zeigten sich deutlich Auflösungserscheinungen dieser Strömung. Ihre Vertreter entwickelten unter Rückgriff auch auf andere philosophische Quellen unterschiedliche Positionen. Beson-ders seit Beginn der allgemeinen Krise des Kapitalismus und nach der Großen Sozialistischen Oktoberrevolution kann man kaum noch von einer eigenständigen Richtung des Neukantianismus sprechen, wenn auch Elemente dieser Konzeptionen in andere spätbürgerliche Strömungen wie Lebensphilosophie, Existentialismus, Neopositivismus und in soziologische Richtungen Eingang fanden. Auch heute noch gibt es kaum eine bürgerliche Richtung, die sich nicht in irgendeiner Form auf Kant bezieht. In neuester Zeit treten immer mehr und mehr Versuche auf, einen umge-fälschten Marxismus mit Elementen des Kantianismus zu verbinden. Dazu ist u. a. das Bemühen Jürgen Habermas in seinem Buch »Erkenntnis und Interesse« (1970) zu zählen, einen »materialistischen Begriff der Praxis« mit dem Begriff des transzendentalen Bewußtseins zu verbinden. Es ist typisch für die neue Situation der bürgerlichen Ideologie, daß gerade das »tätige Moment« der Kantschen Philosophie herausgestellt und mit einer scheinmarxistischen Praxiskonzeption in Zusammenhang gebracht werden soll. Hier spiegelt sich genau die Konfrontation der bürgerlichen Philosophie mit dem Marxismus-Leninismus unserer Epoche wider, in der sich die geschichtsgestaltende Rolle unserer Weltanschauung millionenfach bestätigt hat. Diese Funktion unserer Weltanschauung als theoretische Waffe zur Leitung und Gestaltung gesellschaftlicher Prozesse soll »fragwürdig« gemacht werden, indem von bürgerlichen und revisionistischen Kreisen ein angeblich »echtes« Marxverständnis dem realen Marxismus entgegengesetzt werden soll. Wie sehr auch neukantianische Elemente noch in den heutigen Theorien der Sozialdemokratie wirken, ist von sowjetischen Autoren in dem Buch »Die Ideologie des Sozialdemokratismus in der Gegenwart« (Moskau 1970, Berlin 1971) nachgewiesen worden.

Nur der Marxismus bewahrt Kants Leistung

EINE umfassende und wissenschaftliche historische Einordnung und Würdigung der Kantschen Philosophie ist letztlich nur vom Standpunkt des historischen Materialismus und den marxistischen Prinzipien der philosophiehistorischen Arbeit aus möglich. Allein schon eine Ignoranz gegenüber der historischen Gebundenheit des Kantschen Lebenswerkes kommt, wie das bürgerliche Kant-Verständnis zeigt, einer Verfälschung gleich; ganz zu schweigen von der tendenziösen Art, wie einzelne Seiten der Kantschen Auffassungen aus dem Zusammenhang mit dem Gesamtsystem herausgegriffen werden.
Stellen wir zusammenfassend gegenüber:
1. Kants Philosophie war »deutsche Theorie der franzö-

sischen Revolution« in einer Phase, in der das deutsche
Bürgertum *noch nicht* zu einer Revolution in der Lage
war und sich deshalb auf Aufklärung und Reformen
orientierte. — Der Neukantianismus griff Kants Reformismus als Argument zur Verschleierung imperialisti-
scher Praxis und als Waffe gegen den Einfluß des Marxismus in der Arbeiterbewegung auf.

2. Kants Philosophie schöpfte ihren humanistischen Gehalt
aus den durchaus ehrlich gemeinten Idealen (den »heroischen Illusionen«) der Aufstiegsperiode der Bourgeoisie
nicht nur in Deutschland, sondern vor allem auch in
Frankreich. — Das neukantianische Aufgreifen »ewiger
Werte« diente als weltanschauliche Stütze spätbürger-
licher Entwicklung und zur Verkleisterung der tiefen
antagonistischen Klassengegensätze.

3. Kant entwickelte eine »weltbürgerliche« Philosophie und
Religionskritik. — Viele Neukantianer deuteten ihn zum
»nationalen« Philosophen und zum Verteidiger der Religion, speziell des Christentums, um.

4. Kants Philosophie war in ihrem gesellschaftlichen Anliegen nach vorn, auf »Stiftung der bürgerlichen Gesellschaft« gerichtet. — Der Neukantianismus wie alle spätbürgerliche Philosophie will die kapitalistische Ordnung
in einer Phase ihres Bestehens konservieren, in der sie
bereits dem Untergang geweiht ist.

5. Kants Erkenntnistheorie mit ihrem »Schwanken zwischen Materialismus und Idealismus« wird erklärlich aus
dem Ringen in einer noch vorwissenschaftlichen Periode
der Geschichte der Philosophie, neue, von der damaligen
Philosophie beider Richtungen, Idealismus wie Materialismus, noch unzureichend beantwortete Probleme der
Wissenschaftsentwicklung und der Erkenntnistheorie
weiterzuführen. — Der Neukantianismus wendet Elemente von Kants Erkenntnistheorie gegen die progressiven Tendenzen in den Naturwissenschaften und gegen
eine bereits ausgearbeitete wissenschaftliche Erkenntnistheorie und ein dialektisch-materialistisches Weltbild.

Die historisch richtige Wertung und weitere wissenschaftliche Analyse der Kantschen Philosophie ist daher
für Marxisten nicht nur von philosophiehistorischem Interesse, sondern eine wichtige Aufgabe im ideologischen

Klassenkampf und angesichts der bedeutenden Leistung Kants auch eine Aufgabe des Besinnens auf dieses Erbe und seiner dialektischen Aufbewahrung. Zunehmend befassen sich marxistische Philosophen der sozialistischen Länder daher mit der Erforschung der klassischen deutschen Philosophie. Sowohl in der Sowjetunion, in der DDR als auch in anderen sozialistischen Ländern erscheinen seit Jahren in größerer Zahl Arbeiten über diese theoretische Quelle des Marxismus-Leninismus, darunter auch spezielle Schriften zu Immanuel Kant.

Damit folgen die marxistischen Philosophen den Hinweisen von Engels: »Die materialistische Geschichtsanschauung und ihre spezielle Anwendung auf den modernen Klassenkampf zwischen Proletariern und Bourgeoisie war nur möglich vermittels der Dialektik. Und wenn die Schulmeister der deutschen Bourgeoisie die Erinnerung an die großen deutschen Philosophen und die von ihnen getragne Dialektik ertränkt haben im Sumpf eines öden Eklektizismus ... wir deutschen Sozialisten sind stolz darauf, daß wir abstammen nicht nur von Saint-Simon, Fourier und Owen, sondern auch von Kant, Fichte und Hegel.« (30, S. 187 f.)

1746 »Gedanken von der wahren Schätzung der lebendigen Kräfte und Beurteilung der Beweise, deren sich Herr von Leibniz und andere Mechaniker in dieser Streitsache bedient haben, nebst einigen vorhergehenden Betrachtungen, welche die Kraft der Körper überhaupt betreffen«

1754 »Untersuchung der Frage, ob die Erde in ihrer Umdrehung um die Achse, wodurch sie die Abwechselung des Tages und der Nacht hervorbringt, einige Veränderungen seit den ersten Zeiten ihres Ursprungs erlitten habe«

1755 »Allgemeine Naturgeschichte und Theorie des Himmels oder Versuch von der Verfassung und dem mechanischen Ursprunge des gesamten Weltgebäudes nach Newtonschen Grundsätzen abgehandelt«

»De igne« (Über das Feuer)

»Principiorum primorum cognitionis metaphysicae nova dilucidatio« (Neue Erhellung der ersten Grundsätze metaphysischer Erkenntnis)

1756 »Von den Ursachen der Erderschütterung bei Gelegenheit des Unglücks, welches die westlichen Länder von Europa gegen Ende des vorigen Jahres betroffen hat«

»Geschichte und Naturbeschreibung der merkwürdigen Vorfälle des Erdbebens, welches an dem Ende des 1755sten Jahres einen großen Teil der Erde erschüttert hat«

»Fortgesetzte Betrachtung der seit einiger Zeit wahrgenommenen Erderschütterungen«

»Metaphysica cum geometria iunctae usus in philosophia naturali«

»Neue Anmerkungen zur Erläuterung der Theorie der Winde«

1758 »Entwurf und Ankündigung eines Collegii der physischen Geographie« (nebst Anhang über die Westwinde)

»Neuer Lehrbegriff der Bewegung und Ruhe«

1759 »Versuch einiger Betrachtungen über den Optimismus«

1762 »Die falsche Spitzfindigkeit der vier syllogistischen Figuren«

1763 »Der einzig mögliche Beweisgrund zu einer Demonstration des Dasein Gottes«
»Versuch, den Begriff der negativen Größen in die Weltweisheit einzuführen«

1764 »Untersuchung über die Deutlichkeit der Grundsätze der natürlichen Theologie und der Moral«
»Beobachtungen über das Gefühl des Schönen und Erhabenen«
»Versuch über die Krankheiten des Kopfes«

1766 »Träume eines Geistersehers, erläutert durch die Träume der Metaphysik«

1768 »Von dem ersten Grunde des Unterschiedes der Gegenden im Raume«

1770 »De mundi sensibilis atque intelligibilis forma et principiis« (Von der Form der Sinnen- und Verstandeswelt und ihren Gründen)

1771 Rezension zu Moscatis »Von dem körperlich wesentlichen Unterschiede zwischen der Struktur der Menschen und Tiere«

1775 »Von den verschiedenen Rassen der Menschen«
1776 und 1777
Zwei Aufsätze über die Dessauer Erziehungsanstalt »Philanthropin«

1781 »Kritik der reinen Vernunft«

1783 »Prolegomena zu einer jeden künftigen Metaphysik, die als Wissenschaft wird auftreten können«
Rezension zu J. H. Schulz' »Versuch einer Anleitung zur Sittenlehre für alle Menschen ohne Unterschied der Religion«

1784 »Idee zu einer allgemeinen Geschichte in weltbürgerlicher Absicht«
»Beantwortung der Frage: Was ist Aufklärung?«

1785 Zwei Rezensionen zu Herders »Ideen zu einer Philosophie der Geschichte der Menschheit«
»Über die Vulkane im Mond«
»Von der Unrechtmäßigkeit des Büchernachdrucks«
»Über die Bestimmung des Begriffs einer Menschenrasse«
»Grundlegung zur Metaphysik der Sitten«

1786	»Metaphysische Anfangsgründe der Naturwissenschaft«
	»Mutmaßlicher Anfang der Menschengeschichte«
	»Was heißt ›sich im Denken orientieren‹«
	Rezension zu Gottlieb Hufelands »Versuch über den Grundsatz des Naturrechts«
	Einige Bemerkungen zu Ludwig Heinrich Jakobs »Prüfung der Mendelssohnschen Morgenstunden«
1788	»Kritik der praktischen Vernunft«
	»Über den Gebrauch teleologischer Prinzipien in der Philosophie«
	»Von der Macht des Gemüts«
1790	»Kritik der Urteilskraft«
	»Über Schwärmerei und die Mittel dagegen«
	»Über eine Entdeckung, nach der alle neue Kritik der reinen Vernunft durch eine ältere entbehrlich gemacht werden soll«
1791	»Über das Mißlingen aller philosophischen Versuche in der Theodizee«
	»Welches sind die wirklichen Fortschritte, die die Metaphysik seit Leibniz' und Wolffs Zeiten gemacht hat«
1793	»Religion innerhalb der Grenzen der bloßen Vernunft«
	»Über den Gemeinspruch: Das mag in der Theorie richtig sein, taugt aber nicht für die Praxis«
1794	»Etwas über den Einfluß des Mondes auf die Witterung«
	»Das Ende aller Dinge«
1795	»Zum ewigen Frieden«
1796	»Von einem neuerdings erhobenen vornehmen Tone in der Metaphysik«
	Beginn der Arbeit an »Übergang von den metaphysischen Anfangsgründen der Naturwissenschaft zur Physik«, die bis zu seinem Tode währt (als Opus postumum herausgegeben)
1797	»Metaphysik der Sitten«
	»Über ein vermeintes Recht, aus Menschenliebe zu lügen«
1798	»Der Streit der Fakultäten«
	»Über die Buchmacherei«

»Anthropologie in pragmatischer Hinsicht«

1799 »Erklärung in Beziehung auf Fichtes Wissenschafts-lehre«

1800 Kants Logik-Vorlesungen (von Jäsche überarbeitet und herausgegeben)

1802 Kants Vorlesungen zur physischen Geographie (von Rink herausgegeben)

1803 Kants Vorlesungen zur Pädagogik (von Richter her-ausgegeben)

Quellennachweis

[1] Marx/Engels: Werke Bd. 1. Berlin 1956

[2] I. Kant: Kritik der reinen Vernunft. Leipzig 1971

[3] Herders Werke in fünf Bänden. Bd. 5. Weimar 1957

[4] H. Heine: Zur Geschichte der Religion und Philosophie in Deutschland. Leipzig o. J.

[5] Kants gesammelte Schriften. Bd. 7. Herausgegeben von der Königlich Preußischen Akademie der Wissenschaften. Berlin und Leipzig 1910 f.

[6] I. Kant: Sein Leben in Darstellungen von Zeitgenossen. Die Bibliographien von L. E. Borowski, R. B. Jachmann u. A. Ch. Wasianski. Berlin 1912

[7] Kants gesammelte Schriften. Bd. 1. Herausgegeben von der Königlich Preußischen Akademie der Wissenschaften. Berlin und Leipzig 1910 f.

[8] Marx/Engels: Werke Bd. 20. Berlin 1962

[9] I. Kant: Frühschriften. Bd. 1. Berlin 1961

[10] I. Kant: Briefwechsel. Bd. 1. Herausgegeben von Schöndörffer. Leipzig 1924

[11] I. Kant: Frühschriften. Bd. 2. Berlin 1961

[12] Kants gesammelte Schriften. Bd. 20. Herausgegeben von der Königlich Preußischen Akademie der Wissenschaften. Berlin und Leipzig 1910 f.

[13] Kants gesammelte Schriften. Bd. 15. 2. Hälfte. Herausgegeben von der Königlich Preußischen Akademie der Wissenschaften. Berlin und Leipzig 1910 f.

[14] Kants gesammelte Schriften. Bd. 16. Herausgegeben von der Königlich Preußischen Akademie der Wissenschaften. Berlin und Leipzig 1910 f.

[15] Kants gesammelte Schriften. Bd. 15. 1. Hälfte. Herausgegeben von der Königlich Preußischen Akademie der Wissenschaften. Berlin und Leipzig 1910 f.

[16] J.-J. Rousseau: Über den Ursprung und die Grundlagen der Ungleichheit unter den Menschen. Berlin 1955

[17] Kants gesammelte Schriften. Bd. 8. Herausgegeben von der Königlich Preußischen Akademie der Wissenschaften. Berlin und Leipzig 1910 f.

[18] Herders Werke in fünf Bänden. Bd. 4. Weimar 1957

[19] I. Kant: Briefwechsel. Bd. 2. Herausgegeben von Schöndörffer. Leipzig 1924

[20] Kants gesammelte Schriften. Bd. 9. Herausgegeben von der Königlich Preußischen Akademie der Wissenschaften. Berlin und Leipzig 1910 f.

[21] vgl. Lenin: Werke Bd. 14. Berlin 1961

[22] vgl. Marx/Engels: Werke Bd. 21. Berlin 1962

[23] G. W. Fr. Hegel: Wissenschaft der Logik. Erster Teil. Leipzig 1951

[24] Kants gesammelte Schriften. Bd. 5. Herausgegeben von der

Königlich Preußischen Akademie der Wissenschaften. Berlin und Leipzig 1910 f.

[25] Kants gesammelte Schriften. Bd. 4. Herausgegeben von der Königlich Preußischen Akademie der Wissenschaften. Berlin und Leipzig 1910 f.

[26] Kants gesammelte Schriften. Bd. 6. Herausgegeben von der Königlich Preußischen Akademie der Wissenschaften. Berlin und Leipzig 1910 f.

[27] Zitiert nach: Überweg: Grundriß der Geschichte der Philosophie. Die Philosophie der Neuzeit bis zum Ende des XVIII. Jahrhunderts. Bd. III. Basel/Stuttgart 1961

[28] Marx/Engels: Werke Bd. 2. Berlin 1958

[29] Plechanow: K. Schmidt gegen Karl Marx und Friedrich Engels. In: Neue Zeit. XIV. Jahrgang. Bd. 1

[30] Marx/Engels: Werke Bd. 19. Berlin 1962

Hinweise zur marxistischen Kant-Literatur

Asmus: Die Philosophie Kants. Berlin 1960

Autorenkollektiv u. Ltg. von Oiserman: Die Philosophie Kants und die Gegenwart. Moskau 1974

Buhr/Irrlitz: Der Anspruch der Vernunft. Band 1. Berlin 1968

Buhr: Immanuel Kant. Leipzig 1967

Buhr/Oiserman (Hrsg.): Revolution der Denkart oder Denkart der Revolution. Beiträge zur Philosophie Immanuel Kants. Berlin 1976

Gulyga: Kant. Moskau 1977

Ley/Ruben/Stiehler: Zum Kantverständnis unserer Zeit. Berlin 1974

Oiserman: Probleme der Philosophie und der Philosophiegeschichte. Berlin 1972

Stiehler: Der Idealismus von Kant bis Hegel. Berlin 1970

Thom: Philosophie als Menschenkenntnis. Beitrag zur Entstehungsgeschichte der Philosophie I. Kants. Leipzig 1976 (unveröffentl. Habilschrift)

Weitere Angaben in: Dietzsch: Kant-Literatur der DDR. Bibliographie. Deutsche Zeitschrift für Philosophie, 2/1975

Bildnachweis